ÁLCOOIS
E OUTROS POEMAS

Apollinaire

TEXTO INTEGRAL

TRADUÇÃO: DANIEL FRESNOT

Os Objetivos, a Filosofia e a Missão da Editora Martin Claret

O principal Objetivo da MARTIN CLARET é continuar a desenvolver uma grande e poderosa empresa editorial brasileira, para melhor servir a seus leitores.

A Filosofia de trabalho da MARTIN CLARET consiste em criar, inovar, produzir e distribuir, sinergicamente, livros da melhor qualidade editorial e gráfica, para o maior número de leitores e por um preço economicamente acessível.

A Missão da MARTIN CLARET é conscientizar e motivar as pessoas a desenvolver e utilizar o seu pleno potencial espiritual, mental, emocional e social.

A MARTIN CLARET está empenhada em contribuir para a difusão da educação e da cultura, por meio da democratização do livro, usando todos os canais ortodoxos e heterodoxos de comercialização.

A MARTIN CLARET, em sua missão empresarial, acredita na verdadeira função do livro: o livro muda as pessoas.

A MARTIN CLARET, em sua vocação educacional, deseja, por meio do livro, claretizar, otimizar e iluminar a vida das pessoas.

Revolucione-se: leia mais para ser mais!

MARTIN CLARET

COLEÇÃO A OBRA-PRIMA DE CADA AUTOR

ÁLCOOIS E OUTROS POEMAS

Apollinaire

TEXTO INTEGRAL

MARTIN CLARET

CRÉDITOS

Título original: *Alcools*
Tradução feita a partir da edição de 1965 da Gallimard, Paris, de *Apollinaire Oeuvres Poétiques*. Texte établi et annoté par Marcel Adéma et Michel Décaudin.

IDEALIZAÇÃO E COORDENAÇÃO
Martin Claret

CAPA
Ilustração
Marcellin Talbot

MIOLO
Revisão
Rosana Gilioli
Marcos Ribeiro da Silva

Tradução
Daniel Fresnot

Projeto Gráfico
José Duarte T. de Castro

Direção de Arte
José Duarte T. de Castro

Digitação
Graziella Gatti Leonardo

Editoração Eletrônica
Editora Martin Claret

Fotolitos da Capa
OESP

Papel
Off-Set, 67g/m²

Impressão e Acabamento
Paulus Gráfica

Editora Martin Claret – Rua Alegrete, 62 – Bairro Sumaré
CEP: 01254-010 – São Paulo – SP
Tel.: (0xx11) 3672-8144 – Fax: (0xx11) 3673-7146

www.martinclaret.com.br

Agradecemos a todos os nossos amigos e colaboradores — pessoas físicas e jurídicas — que deram as condições para que fosse possível a publicação deste livro.

Este livro foi composto e impresso no inverno de 2005.

PREFÁCIO

A história do livro e a coleção "A Obra-Prima de Cada Autor"

MARTIN CLARET

Que é o livro? Para fins estatísticos, na década de 1960, a UNESCO considerou o livro "uma publicação impressa, não periódica, que consta de no mínimo 49 páginas, sem contar as capas".

O livro é um produto industrial.

Mas também é mais do que um simples produto. O primeiro conceito que deveríamos reter é o de que o livro como objeto é o veículo, o suporte de uma informação. O livro é uma das mais revolucionárias invenções do homem.

A *Enciclopédia Abril* (1972), publicada pelo editor e empresário Victor Civita, no verbete "livro" traz concisas e importantes informações sobre a história do livro. A seguir, transcrevemos alguns tópicos desse estudo didático sobre o livro.

O livro na Antiguidade

Antes mesmo que o homem pensasse em utilizar determinados materiais para escrever (como, por exemplo, fibras vegetais e tecidos), as bibliotecas da Antiguidade estavam repletas de textos gravados em tabuinhas de barro cozido. Eram os primeiros "livros", depois progressivamente modificados até chegar a ser feitos — em grandes tiragens — em papel impresso mecanicamente, proporcionando facilidade de leitura e transporte. Com eles, tornou-se possível, em todas as épocas, transmitir fatos, acontecimentos históricos, descobertas, tratados, códigos ou apenas entretenimento.

Como sua fabricação, a função do livro sofreu enormes modificações dentro das mais diversas sociedades, a ponto de constituir uma mercadoria especial, com técnica, intenção e utilização determinadas. No moderno movimento editorial das chamadas sociedades de consumo, o livro pode ser considerado uma mercadoria cultural, com maior ou menor significado no contexto socioeconômico em que é publicado. Como mercadoria, pode ser comprado, vendido ou trocado. Isso não ocorre, porém, com sua função intrínseca, insubstituível: pode-se dizer que o livro é essencialmente um instrumento cultural de difusão de idéias, transmissão de conceitos, documentação (inclusive fotográfica e iconográfica), entretenimento ou ainda de condensação e acumulação do conhecimento. A palavra escrita venceu o tempo, e o livro conquistou o espaço. Teoricamente, toda a humanidade pode ser atingida por textos que difundem idéias que vão de Sócrates e Horácio a Sartre e McLuhan, de Adolf Hitler a Karl Marx.

Espelho da sociedade

A história do livro confunde-se, em muitos aspectos, com a história da humanidade. Sempre que escolhem frases e temas, e transmitem idéias e conceitos, os escritores estão elegendo o que consideram significativo no momento histórico e cultural que vivem. E assim, fornecem dados para a análise de sua sociedade. O conteúdo de um livro — aceito, discutido ou refutado socialmente — integra a estrutura intelectual dos grupos sociais.

Nos primeiros tempos, o escritor geralmente vivia em contato direto com seu público, que era formado por uns poucos letrados, já cientes das opiniões, idéias, imaginação e teses do autor, pela própria convivência que tinha com ele. Muitas vezes, mesmo antes de ser redigido o texto, as idéias nele contidas já haviam sido intensamente discutidas pelo escritor e parte de seus leitores. Nessa época, como em várias outras, não se pensava no enorme porcentual de analfabetos. Até o século XV, o livro servia exclusivamente a uma pequena minoria de sábios e estudiosos que constituíam os círculos intelectuais (confinados aos mosteiros no início da Idade Média) e que tinham acesso às bibliotecas, cheias de manuscritos ricamente ilustrados.

Com o reflorescimento comercial europeu em fins do século XIV, burgueses e comerciantes passaram a integrar o mercado livreiro da época. A erudição laicizou-se, e o número de escritores aumentou, surgindo também as primeiras obras escritas em línguas que não o latim e o grego (reservadas aos textos clássicos e aos assuntos considerados dignos de atenção).

Nos séculos XVI e XVII, surgiram diversas literaturas nacionais, demonstrando, além do florescimento intelectual da época, que a população letrada dos países europeus estava mais capacitada a adquirir obras escritas.

Cultura e comércio

Com o desenvolvimento do sistema de impressão de Gutenberg, a Europa conseguiu dinamizar a fabricação de livros, imprimindo, em cinqüenta anos, cerca de vinte milhões de exemplares para uma população de quase cem milhões de habitantes, a maioria analfabeta. Para a época, isso significou enorme revolução, demonstrando que a imprensa só se tornou uma realidade diante da necessidade social de ler mais.

Impressos em papel, feitos em cadernos costurados e posteriormente encapados, os livros tornaram-se empreendimento cultural e comercial: os editores passaram logo a se preocupar com melhor apresentação e redução de preços. Tudo isso levou à comercialização do livro. E os livreiros baseavam-se no gosto do público para imprimir, sobretudo, obras religiosas, novelas, coleções de anedotas, manuais técnicos e receitas.

O porcentual de leitores não cresceu na mesma proporção que a expansão demográfica mundial. Somente com as modificações socioculturais e econômicas do século XIX — quando o livro começou a ser utilizado também como meio de divulgação dessas modificações, e o conhecimento passou a significar uma conquista para o homem, que, segundo se acreditava, poderia ascender socialmente se lesse — houve um relativo aumento no número de leitores, sobretudo na França e na Inglaterra, onde alguns editores passaram a produzir, a preços baixos, obras completas de autores famosos. O livro era então interpretado como símbolo de liberdade, conseguida por conquistas culturais. Entretanto, na maioria dos países, não houve nenhuma grande modificação nos índices porcentuais até o fim da Primeira Guerra Mundial (1914/18), quando surgiram as primeiras grandes tiragens de livros, principalmente romances, novelas e textos didáticos. O número elevado de cópias, além de baratear o preço da unidade, difundiu ainda mais a literatura. Mesmo assim, a maior parte da população de muitos países continuou distanciada, em parte porque o livro, em si, tinha sido durante muitos séculos considerado objeto raro, passível de ser adquirido somente por um pequeno número de eruditos. A grande massa da população mostrou maior receptividade aos jornais, periódicos e folhetins, mais dinâmicos e atualizados, além de acessíveis ao poder aquisitivo da grande maioria.

Mas isso não chegou a ameaçar o livro como símbolo cultural de difusão de idéias, como fariam, mais tarde, o rádio, o cinema e a televisão.

O advento das técnicas eletrônicas, o aperfeiçoamento dos métodos fotográficos e a pesquisa de materiais praticamente imperecíveis fazem alguns teóricos da comunicação de massa pensar em um futuro sem os livros tradicionais, com seu formato quadrado ou retangular, composto de folhas de papel, unidas umas às outras por um dos lados.

Seu conteúdo e suas mensagens, racionais ou emocionais, seriam transmitidos por outros meios, como, por exemplo, microfilmes e fitas gravadas.

A televisão transformaria o mundo inteiro em uma grande "aldeia" (como afirmou Marshall McLuhan), no momento em que todas as sociedades decretassem sua prioridade em relação aos textos escritos.

Mas a palavra escrita dificilmente deixaria de ser considerada uma das mais importantes heranças culturais, para todos os povos.

E no decurso de toda a sua evolução, o livro sempre pôde ser visto como objeto cultural (manuseável, com forma entendida e interpretada em função de valores plásticos) e símbolo cultural (dotado de conteúdo, entendido e interpretado em função de valores semânticos). As duas maneiras podem fundir-se no pensamento coletivo, como um conjunto orgânico (em que texto e arte se completam, como, por exemplo, em um livro de arte) ou apenas como um conjunto textual (no qual a mensagem escrita vem em primeiro lugar — em um livro de matemática, por exemplo).

A mensagem (racional, prática ou emocional) de um livro é sempre intelectual e pode ser revivida a cada momento.

O conteúdo, estático em si, dinamiza-se em função da assimilação das palavras pelo leitor, que pode discuti-las, reafirmá-las, negá-las ou transformá-las. Por isso, o livro pode ser considerado um instrumento cultural capaz de liberar informação, sons, imagens, sentimentos e idéias através do tempo e do espaço.

A quantidade e a qualidade das idéias colocadas em um texto podem ser aceitas por uma sociedade, ou por ela negadas, quando entram em choque com conceitos ou normas culturalmente admitidas.

Nas sociedades modernas, em que a classe média tende a considerar o livro como sinal de *status* e cultura (erudição), os compradores utilizam-no como símbolo mesmo, desvirtuando suas funções ao transformá-lo em livro-objeto.

Mas o livro é, antes de tudo, funcional — seu conteúdo é que lhe confere valor (como os livros das ciências, de filosofia, religião, artes, história e geografia, que representam cerca de 75% dos títulos publicados anualmente em todo o mundo).

O mundo lê mais

No século XX, o consumo e a produção de livros aumentaram progressivamente. Lançado logo após a Segunda Guerra Mundial (1939/45), quando uma das características principais da edição de um livro eram as capas entreteladas ou cartonadas, o livro de bolso constituiu um grande êxito comercial. As obras — sobretudo *best sellers* publicados algum tempo antes em edições de luxo — passaram a ser impressas em rotativas, como as revistas, e distribuídas às bancas de jornal. Como as tiragens elevadas permitiam preços muito baixos, essas edições de bolso popularizaram-se e ganharam importância em todo o mundo.

Até 1950, existiam somente livros de bolso destinados a pessoas de baixo poder aquisitivo; a partir de 1955, desenvolveu-se a categoria do livro de bolso "de luxo". As características principais destes últimos eram a abundância de coleções — em 1964 havia mais de duzentas nos Estados Unidos — e a variedade de títulos, endereçados a um público intelectualmente mais refinado.

A essa diversificação das categorias adiciona-se a dos pontos-de-venda, que passaram a abranger, além das bancas de jornal, farmácias, lojas, livrarias, etc. Assim, nos Estados Unidos, o número de títulos publicados em edições de bolso chegou a 35 mil em 1969, representando quase 35% do total dos títulos editados.

Proposta da coleção
"A Obra-Prima de Cada Autor"

A palavra "coleção" é uma palavra há muito tempo dicionarizada, e define o conjunto ou reunião de objetos da mesma natureza ou que têm qualquer relação entre si. Em um sentido editorial, significa o conjunto não-limitado de obras de autores diversos, publicado por uma mesma editora, sob um título geral indicativo de assunto ou área, para atendimento de segmentos definidos do mercado.

A coleção "A Obra-Prima de Cada Autor" corresponde plenamente à definição acima mencionada. Nosso principal objetivo é oferecer, em formato de bolso, a obra mais importante de cada autor, satisfazendo o leitor que procura qualidade.*

Desde os tempos mais remotos existiram coleções de livros. Em Nínive, em Pérgamo e na Anatólia existiam coleções de obras literárias de grande importância cultural. Mas nenhuma delas superou a célebre biblioteca de Alexandria, incendiada em 48 a.C. pelas legiões de Júlio César, quando estes arrasaram a cidade.

A coleção "A Obra-Prima de Cada Autor" é uma série de livros a ser composta de mais de 400 volumes, em formato de bolso, com preço altamente competitivo, e pode ser encontrada em centenas de pontos-de-venda. O critério de seleção dos títulos foi o já estabelecido pela tradição e pela crítica especializada. Em sua maioria, são obras de ficção e filosofia, embora possa haver textos sobre religião, poesia, política, psicologia e obras de auto-ajuda. Inauguram a coleção quatro textos clássicos: *Dom Casmurro*, de Machado de Assis; *O Príncipe*, de Maquiavel; *Mensagem*, de Fernando Pessoa e *O Lobo do Mar*, de Jack London.

Nossa proposta é fazer uma coleção quantitativamente aberta. A periodicidade é mensal. Editorialmente, sentimo-nos orgulhosos de poder oferecer a coleção "A Obra-Prima de Cada Autor" aos leitores brasileiros. Nós acreditamos na função do livro.

---

* Atendendo a sugestões de leitores, livreiros e professores, a partir de certo número da coleção começamos a publicar, de alguns autores, outras obras além da sua obra-prima.

Aqui tem poesia

DANIEL FRESNOT*

Homens do futuro não me esqueceis
Eu vivi no fim do tempo dos reis

APOLLINAIRE

Vamos falar claro: entre manter o sentido do verso mesmo perdendo a rima ou ter uma rima sacrificando o sentido, fico com a primeira opção, a mais fiel ao autor. Não concordo com o exemplo de alguns tradutores, que devem se considerar melhores que o poeta traduzido, já que alteram os seus versos. Grande parte da magia e da beleza da poesia provém, é claro, de seu sentido; não vamos jogá-lo fora com tanta facilidade. Aliás, se a tradução fiel pode perder parte da rima ou do ritmo, de pouco adianta querer criar outra rima, outro ritmo à custa do sentido porque então já não é mais a poesia do autor, e sim a do tradutor.

Em novembro de 1918 estava terminando a pior guerra até então e Guillaume Apollinaire agonizava. Diz a lenda que uma multidão gritou em Paris "Morte a Guilherme!" contra o imperador da Alemanha. O poeta em seu delírio pensou que queriam a sua morte. O tenente Apollinaire, enfraquecido pelo ferimento na cabeça, foi levado pela epidemia de gripe espanhola com apenas 38 anos. Como

---

* Daniel Fresnot: nascido na França em 1948, é doutor em Letras pela Sorbonne. Autor do romance *A Terceira Expedição* e livros de contos e poesia, incluindo *Suzana, prosa e outros versos* e *Arthur Rimbaud* publicados pela Editora Martin Claret. Também é industrial e fundou a Casa Taiguara, que acolhe dia e noite crianças de rua em São Paulo.

Pouchkine no século anterior, ele morria jovem e em pleno domínio de seu talento. Apollinaire abriu as portas da poesia moderna, foi inovador e poeta clássico, moderno e eterno. Nascido em Roma, filho de polonesa, francês por opção, ele é também grande testemunha do nascimento da arte moderna. Amigo de Picasso, que encontra em 1904, conheceu todo o grupo cubista, conheceu Derain, Dufy, Vlaminck, Douanier Rousseau, Matisse, Picabía, Marcel Duchamp, Max Jacob, Chagall, Jarry e tantos outros. Os artistas de gênio abriam o século em Paris e instalavam a arte moderna. Infelizmente a política não estava à altura: a pavorosa matança da Primeira Guerra Mundial levou esse século tão promissor à barbárie. O poeta Apollinaire, embora perfeito europeu e cosmopolita, também sucumbiu ao nacionalismo, vestiu a farda e foi matar seus semelhantes.

Apollinaire dispensa a pontuação, seus versos são sem vírgula, ponto ou interrogação. Também foi dos primeiros a compor poemas visuais ou concretos, que eram chamados de ideogramáticos ou caligramas, embora Símias de Rodes, no século IV antes de Cristo, e Teócrito já o fizessem. Depois, de *Alcools*, o segundo grande livro de Apollinaire é *Calligrammes*, com o subtítulo "Poemas da Paz e da Guerra 1913-1916". Foi um homem de paixões, primeiro mal-amado, nos últimos anos correspondido. Poucos meses antes de morrer casa com Jacqueline Kolb, "a linda ruiva", último amor após Annie Playden, Marie Laurencin, a nobre Lou, Louise de Coligny-Châtillon, Madeleine Pagès, todas inspiraram poemas. Picasso e Vollard são as testemunhas do casamento. A vida do poeta e a grande guerra vão terminar quase no mesmo dia.

Alguns dos mais belos poemas deste livro ("A Ponte Mirabeau", "Saltimbancos", "Se Eu Morrer Lá") foram musicados em francês. A nossa tradução conserva a musicalidade — pode ser cantada — sem trair o sentido. Em "Salomé" inspirei-me na tradução de Onestaldo de Pennafort. Para todos os poemas e para a Cronologia me baseei nos textos da Bibliothèque de la Pléiade, *Apollinaire Oeuvres Poétiques*. Mas a obra de Apollinaire é extensa e ainda não foi traduzida integralmente; espero que esta seleção inspire mais tradutores.

Leitor Brasileiro, abra seu coração a Guillaume Apollinaire: aqui tem poesia!

Álcoois

Poemas
(1898-1913)

Zona

Por fim estás cansado deste mundo antigo

Pastora ó torre Eiffel o rebanho das pontes bale esta manhã

Você está farto de viver na antiguidade grega e romana

Aqui até os automóveis parecem antigos
A religião sozinha continua nova a religião
Continua simples como os galpões de Porto-Aviação

Só tu na Europa não és antigo ó Cristianismo
O Europeu o mais moderno sois vós Papa Pio X
E tu que as janelas observam a vergonha te impede
De entrar numa igreja e confessar-te esta manhã
Lês os folhetos os catálogos os cartazes que cantam bem alto
Eis a poesia esta manhã e para a prosa temos os jornais
Há as entregas a 25 centavos cheias de aventuras policiais
Retratos dos grandes homens e mil títulos diversos

Vi esta manhã uma linda rua cujo nome esqueci
Nova e limpa do sol ela era o clarim
Os diretores os operários e as belas secretárias
Da segunda de manhã ao sábado à noite quatro vezes por dia
[nela passam
De manhã por três vezes a sirene gemia
Um sino raivoso late pelo meio-dia
As inscrições dos painéis e das muralhas
As placas os avisos gritam como *papagaias*
Eu amo a graça desta rua industrial
Que fica em Paris entre a rua Aumont-Thiéville e a avenida des
[Ternes

Eis a jovem rua e tu és ainda uma criancinha

Tua mãe só te veste de azul e branco
És muito piedoso e com o mais antigo de teus camaradas Renê
[Dalize
Vocês não amam nada tanto quanto as pompas da igreja
São nove horas a luz de gás baixou toda azul vocês saem do
[dormitório escondidos
Vocês rezam toda a noite na capela do colégio
Enquanto eterna e adorável profundeza ametista
Gira para sempre a resplandecente glória do Cristo
É o belo lírio que todos cultivamos
É a tocha de cabelos ruivos que não apaga o vento
É o filho pálido e dourado da dolorosa mãe
É a árvore sempre frondosa de todas as orações
É a dupla força da honra e da eternidade
É a estrela de seis pontas
É Deus que morre na sexta-feira e ressuscita no domingo
É o Cristo que sobe ao céu melhor que os aviadores
Ele detém o recorde do mundo para a altura

Pupila Cristo do olho
Vigésima pupila dos séculos ele sabe fazer
E mudado em pássaro este século como Jesus sobe no ar
Os diabos nos abismos levantam a cabeça para o olhar
Eles dizem que ele imita o Mago da Judéia Simão
Eles gritam se ele sabe voar que o chamem de ladrão[1]
Os anjos revoam em volta do lindo voador
Ícaro Enoch Elias Apolônio de Tiano[2]
Flutuam em volta do primeiro aeroplano
Às vezes se afastam para deixar passar aqueles que transporta a
[Santa Eucaristia

---

[1] Trocadilho em francês: o verbo "voler" significa voar e também roubar. (N. do T.)

[2] Ícaro, na mitologia grega, voou com penas coladas com cera, mas o sol fez derreter a cera e ele caiu no mar. Enoch, pai de Matusalém, foi um justo que Deus levou aos céus. O profeta Elias subiu ao céu ainda vivo. Apolônio de Tiano foi um filósofo pitagórico do primeiro século, a quem os romanos atribuíram vários milagres. (N. do T.)

Estes padres que sobem eternamente levantando a hóstia
O avião pousa enfim sem fechar as asinhas
O céu se enche então de milhões de andorinhas
Velozes vêm os corvos os falcões as corujas medonhas
Da África chegam os íbis os flamengos as cegonhas
O pássaro Rocha cantado pelos poetas e cantadeiras
Paira em suas garras o crânio de Adão a cabeça primeira
A águia cai do horizonte lançando grande grito de dor
E da América vem o pequeno beija-flor
Da China vieram os pihis longos e ágeis animais
Que só têm uma asa e voam em casais
E eis a pomba espírito imaculado
Que acompanham o pássaro-lira e o pavão alado
O fênix como fogueira que a si mesmo alimente
Um instante cobre tudo de sua cinza ardente
As sirenes deixando os perigosos estreitos
Chegam cantando lindamente as três os seus feitos
E todos águia fênix e pihis da China
Fraternizam com a voadora máquina

Agora você anda em Paris sozinho na multidão
Rebanhos de ônibus mugindo perto de ti rodam
A angústia do amor te deixa calado
Como se não devesses nunca mais ser amado
Se vivesses no tempo antigo irias para o altar
Você sente vergonha quando te surpreendes a rezar
Gozas de ti mesmo e como o fogo do inferno teu riso crepita
As faíscas de teu riso douram o fundo da tua vida infinita
É um quadro pendurado num escuro museu deserto
E algumas vezes vais olhá-lo de perto

Hoje andas em Paris as mulheres estão ensangüentadas
Era e eu não queria lembrar era no declínio da beleza

Rodeada de chamas fervorosas Nossa Senhora me olhou em
[Chartres
O sangue de vosso Sagrado Coração me inundou em Montmartre

Estou doente de ouvir a palavra venturosa
O amor do qual eu sofro é uma doença vergonhosa

E a imagem que te possui te faz sobreviver na angústia e na
[insônia
É sempre perto de ti esta imagem que passa e sonha

Agora estás nas margens do Mar Mediterrâneo
Sob os limoeiros em flor todo o ano
Com teus amigos passeias de barco
Um deles é Nicento, há um Mentonasco e dois Turbiarcos[3]
Olhamos os polvos das profundezas com terror
E entre as algas nadam peixes imagens do Salvador

Estás no jardim de uma pousada perto de Praga
Te sentes todo feliz na mesa uma rosa afaga
E observas em vez de escrever teu conto em prosa
O inseto que dorme no coração da rosa

Apavorado te vês desenhado nas ágatas de Santo Sexo
Estavas triste de morrer quando te vistes lá sem nexo
Pareces o Lázaro assustado pelo dia
As agulhas do relógio do bairro judeu andam ao contrário
E recuas também lento no teu viver diário
Subindo ao Hradchin[4] e de noite escutando
Nas tabernas cantar canções checas macias
Eis-te em Marseille[5] no meio das melancias.

Eis-te em Koblenz[6] no hotel do Gigante

Eis-te em Roma sentado sob uma nespereira do Japão
Estás em Amsterdã com uma moça que achas linda e que é
[feia
Ela deve casar com um estudante de Leyde[7]

---

[3] Neologismos irônicos inventados por Apollinaire. Um é da cidade de Nice, outro de Menton, e dois de La Turbie, na Riviera Francesa. (N. do T.)

[4] *Hradchin*: bairro antigo de Praga. (N. do T.)

[5] *Marseille*: porto do sul da França. (N. do T.)

[6] *Koblenz*: cidade da Alemanha. (N. do T.)

[7] *Leyde ou Leiden*: cidade da Holanda. (N. do T.)

Lá se alugam quartos em latim *Cubicula locanda*
Eu me lembro passei lá três dias e outros tanto em Gouda[8]

Estás em Paris frente ao juiz
Como um criminoso estás preso

Fizestes dolorosas e felizes viagens
Antes de perceber da mentira e da idade as imagens
Sofrestes do amor com vinte e trinta anos
Vivi como um louco e perdi os meus anos
Não ousas mais olhar tuas mãos e a todo momento eu queria
[chorar
Sobre ti sobre aquela que amo sobre tudo que te fez apavorar

Tu olhas os olhos cheios de lágrimas estas pobres crianças
Eles crêem em Deus eles rezam as mulheres amamentam
[emigrantes
Eles enchem de seu cheiro a sala da estação Saint-Lazare[9]
Eles têm fé em sua estrela igual aos reis magos
Eles esperam ganhar dinheiro na Argentina
E voltar ao país com a fortuna feita
Uma família carrega um edredom vermelho como vocês
[carregam vosso coração
Este acolchoado e nossos sonhos são irreais
Alguns desses emigrantes ficam e moram
Rua das Roseiras ou rua des Ecouffes em cortiços
Já os vi muitas vezes à noite respiram o sereno da rua
E se movem raramente como as peças do xadrez
Há principalmente judeus suas mulheres usam perucas
Elas ficam sentadas pálidas no fundo das lojas

Estás de pé frente ao balcão de um boteco mal-afamado
Tomas um café de dois centavos entre os desgraçados

És a noite num grande restaurante

---

[8] *Gouda*: cidade da Holanda. (N. do T.)

[9] *Saint-Lazare*: uma das estações de trem de Paris. (N. do T.)

Estas mulheres não são maldosas têm preocupações no entanto
Todas até a mais feia fez sofrer seu amante tanto
Ela é filha de um sargento da cidade de Jersey[10]

Suas mãos que eu não havia visto são duras e rachadas

Tenho uma piedade imensa pelas costuras de seu ventre

Eu humilho agora uma pobre moça de riso horrível a minha
[boca

Estás só a manhã vai chegar
Os leiteiros fazem tinir seus vasilhames nas ruas

A noite se afasta como uma bela mulata
É Ferdine a falsa ou Léa a atenta

E bebes este álcool ardente como a tua vida
Tua vida que bebes feito aguardente

Andas para Auteuil[11] queres ir à tua casa a pé
Dormir entre os fetiches da Oceania e da Guiné
Eles são Cristos de outra forma e outras crenças
São Cristos inferiores das obscuras esperanças
Adeus Adeus

Sol cor cortado[12]

---

[10] *Jersey*: ilha no Mar da Mancha entre a França e a Inglaterra. (N. do T.)

[11] *Auteuil*: subúrbio de Paris. (N. do T.)

[12] Este verso também pode ser traduzido: Sol pescoço cortado. (N. do T.)

A Ponte Mirabeau

Sob a ponte Mirabeau corre o Sena
E nossos amores
A memória acena
A alegria vinha sempre depois da pena
Que venha a noite soe a hora
Os dias vão embora

Mãos nas mãos ficamos rosto com rosto
Enquanto sob a ponte
Nosso encosto
Passa a eterna água do desgosto
Que venha a noite soe a hora
Os dias vão embora

O amor vai com esta água cinzenta
O amor vai
Como a vida é lenta
E como a esperança é violenta
Que venha a noite soe a hora
Os dias vão embora

Passam os dias como uma novena
Passa o tempo
Os amores e a pena
Sob a ponte Mirabeau corre o Sena
Que venha a noite soe a hora
Os dias vão embora

A canção do mal-amado

A Paul Léautaud

E eu cantava esta cantiga
Em 1903 sem saber
Que meu amor é semelhante
Ao belo Fênix se morre ao anoitecer
A manhã o vê renascer

Uma noite de meia neblina em Londres
Um moleque parecido
Com meu amor veio ao meu lado
E o olhar que me lançou atrevido
Me fez baixar os olhos envergonhado

Fui seguindo este malcriado
Que assobiava mãos no paletó
Parecíamos frente ao sobrado
Onda aberta do Mar Vermelho
Ele os hebreus eu Faraó

Caiam estas ondas de pedra
Se não fostes bem-amada
Sou do Egito o Senhor
Sua irmã-esposa sua armada
Se não és o único amor

Na esquina de uma rua ardendo
Dos fogos de suas fachadas
Chagas da neblina sangrenta
Onde se lamentavam as fachadas
Uma mulher com ele se parecendo

Era o seu olhar desumano
A cicatriz no pescoço a expor

Saiu bêbada de uma taverna
Quando percebi o desengano
A falsidade do próprio amor

Quando enfim voltaria
À sua pátria o sábio Ulisses
Seu velho cachorro dele lembrou
Junto a uma tapeçaria
A sua mulher o esperou

O real esposo de Sacontela[1]
Cansado de vencer alegrou-se
Quando a encontrou mais pálida
De espera e amor olhos pálidos
Acariciando a sua gazela

Pensei neste rei feliz
Quando o falso amor e aquela
Que ainda estou amando
Suas sombras infiéis chocando
Me deixaram tão infeliz

Saudades nas quais se cria o inferno
Um céu de esquecimento se abra terno
Por seu beijo os reis do mundo
Pobres famosos morreriam
Por ela a sombra venderiam

Hibernei em meu passado
Que volte o sol da Páscoa
Esquentar um coração mais gelado
Que os quarenta de Sebaste[2]
Menos que minha vida martirizados

---

[1] *Sacontela ou Sakuntala*: esposa do rei Dushmanta e mãe de Bharata, na Índia. Mesmo repudiada permaneceu fiel ao marido, que voltou para ela. (N. do T.)

[2] *Sebaste*: quarenta soldados da cidade de Sebaste na Armênia (hoje Sivas, na Turquia) morreram como mártires no século IV. Foram deixados

Belo navio ó memória minha
Teremos muito navegado
Numa onda má a beber
Teremos muito divagado
Da bela aurora à triste tardinha

Adeus falso amor que confundi
Com a mulher que se afasta
Com aquela que perdi
Na Alemanha o ano passado
E nunca mais me será dado

Via-Láctea ó irmã luminosa
Dos brancos riachos de Canaã
E do corpo branco das amorosas
Nadadores mortos seguiremos com afã
Teu curso para outras nebulosas

Lembro de um outro ano
Era uma madrugada de abril
Cantei a bem-amada alegria
Cantei o amor com voz viril
Ao momento de amor do ano

Serenata cantada em *laetare* um ano passado[1]

É a primavera venha Pascoazinha
Passear no lindo bosque
No pátio cacarejam as galinhas
A aurora faz dobras rosinhas
O amor a te conquistar caminha

Marte e Vênus voltaram
Beijam-se com bocas loucas

---

nus num lago gelado. (N. do T.)

[1] *Laetare*: "alegra-te", em latim. Nome dado ao quarto domingo da quaresma. (N. do T.)

Nas paisagens ingênuas
Sob as rosas que desfolharam
Belas deusas rosas dançaram nuas

Vem minha ternura é a regente
Do florescer que aparece
A natureza é bela e comovente
Pan[2] assobia na floresta
As rãs úmidas cantam contente

Destes deuses morreram tantos
Por eles dos chorões os prantos
O grande Pan o amor Jesus Cristo
Estão bem mortos e os gatos miaram
No pátio em Paris eu choro

Eu que sei poemas para as rainhas
Dos meus anos o fado
Hinos de escravo às tainhas
A cantiga do mal-amado
E às sereias canções minhas

O amor é morto estou tremendo
Adoro belos ídolos
As lembranças lhe parecendo
Como a mulher de Mausolo[3]
Fico fiel e sofrendo

Sou fiel como cão de guarda
Ao mestre as trepadeiras aos troncos
E os Cossacos Zaporogos[4]
Bêbados piedosos e broncos
Às estepes e ao decálogo

---

[2] *Pan*: deus dos campos, dos pastores e dos bosques. (N. do T.)

[3] *Mausolo*: rei da Cária na Ásia Menor, cujo túmulo, o Mausoléu, foi uma das sete maravilhas do mundo antigo. Construído pela esposa Artemisa II, em 353 a.C. (N. do T.)

[4] *Zaporogos*: cossacos da Ucrânia, deportados para perto do mar de Azov, por Catarina II. (N. do T.)

Carreguem como jugo o Crescente
Que interrogam os astrólogos
Sou o Sultão todo-poderoso
Ó meus Cossacos Zaporogos
Vosso Senhor luminoso

Sejam meus súditos fiéis
Lhes escreveu o Sultão
Eles riram dessa balela
E responderam de sopetão
À luz de uma vela

Resposta dos Cossacos Zaporogos ao Sultão de Constantinopla

Mais criminoso que Barrabás
Cornudo feito anjo malvado
Que Belzebu são tuas crias
Nutrido de imundice e pecado
Não iremos às tuas bruxarias

Peixe podre de Salonique[1]
Longo colar de sono atroz
D'olhos arrancados a golpe de pique
Tua mãe deu um peido feroz
E nasceste da sua cólica

Carrasco de Podolia[2] Amante
Das chagas das úlceras das crostas
Focinho de porco cú de bostas
Teu dinheiro todo guarde-o
Para pagar teu remédio

---

[1] *Salonique, Salônica, Tessalônica*: cidade do norte da Grécia. (N. do T.)

[2] *Podolia*: região do oeste da Ucrânia. (N. do T.)

Via-Láctea ó irmã luminosa
Dos brancos riachos de Canaã
E do corpo branco das amorosas
Nadadores mortos seguiremos com afã
Teu curso para outras nebulosas

Saudades dos olhos da puta
E bela como uma pantera
Amor vossos beijos florentinos
Tinham um amargo sabor
Que repeliu nossos destinos

Seus olhares um rastro deixavam
De estrelas nas noites tremidas
Nos seus olhos sereias nadavam
E nossos beijos mordidos
Faziam chorar fadas madrinhas

Eu a espero na verdade
Com meu coração com minha saudade
E na ponte dos Retornaria
Se voltar esta mulher um dia
Lhe direi Eu estou contente

Ficam vazios cabeça e coração
Todo o céu derrama por este vão
O meu tonel das Danaides[3]
Como fazer para ser contente
Feito criancinha inocente

Não quero nunca esquecê-la
Minha pomba minha branca baia
Ó margarida desfolhada
Minha ilha ao longe minha Desirada[4]
Minha rosa meu craveiro-da-índia

---

[3] *Danaides*: nome das 50 filhas de Danao, que, na noite de núpcias, mataram seus maridos. Foram condenadas a encher um tonel sem fundo. (N. do T.)

[4] *Desirada*: ilha das Antilhas Francesas. (N. do T.)

As sátiras e as pragas
O fogo-fátuo as chagas
E o destino danado ou fausto
A corda no pescoço como em Calais[5]
Na minha dor que holocausto

Dor que dobras o destino
O unicórnio e o capricórnio
Meu corpo incerto minha alma vã
Te fogem ó fogo divino
Que ornam astros e flores da manhã

Desgraça deus pálido com olhos de marfim
Teus sacerdotes loucos te enfeitaram
Tuas vítimas de negro cetim
Em vão te choraram
Desgraça deus que não se deve crer

E tu que me segues rastejando
Deus de meus deuses mortos no outono
Meça de quantos palmos serei dono
Que a terra me dará em obra
Ó minha sombra ó velha cobra

Ao sol porque o amas
Te levei lembra-te bem
Tenebrosa esposa que amo sim
Não sendo nada és meu bem
Ó minha sombra de luto de mim

O inverno morreu sob a neve
Vi as brancas colmeias queimar
Nos jardins e no pomar

---

[5] A cidade de Calais na França resistiu ao cerco do rei inglês Eduardo III, que exigiu que seus principais burgueses se entregassem com a corda no pescoço, em 1347. A pedido da rainha, o rei poupou os burgueses de Calais. (N. do T.)

Os pássaros nos galhos a cantar
A primavera clara o abril leve

Morte de imortais argiráspides[6]
A neve nos escudos de prata
Foge as árvores lívidas
Da primavera aos pobres grata
Que voltam a sorrir de olhos úmidos

E eu tenho o coração mais apertado
Que bunda de senhora damascena
Ó meu amor que eu amava demasiado
E agora tenho tanta pena
As sete espadas fora da bainha

Sete espadas de melancolia
Sem fio ó claras dores
Estão no meu coração e a folia
Quer discutir para minha desgraça
Como quereis que eu esqueça

As sete espadas

A primeira é toda de prata
E seu nome tremido é Palino
A lâmina céu de inverno nevando
Seu destino sangrento gibelino[1a]
Vulcano[2a] morreu forjando-a

A segunda chamada Noubosse
É um belo arco-íris alegre
Os deuses a usam em suas núpcias

---

[6] *Argiráspides*: o Corpo de três mil soldados da Guarda de Alexandre, o Grande. Usavam escudos de prata. (N. do T.)

[1a] *Gibelino*: partidário do imperador oposto aos partidários do papa (guelfos), nos Estados italianos da Idade Média. (N. do T.)

[2a] *Vulcano*: ferreiro dos deuses, na mitologia grega. (N. do T.)

Ela matou trinta bugres
E foi dotada pela fada Carabosse

A terceira azul feminino
É mesmo assim símbolo fálico
Chamado Lul de Faltenino
E leva em toalha de algodão
O Hermes[3a] Ernesto feito anão

A quarta Malourena
É um rio verde e dourado
É a noite quando as ribeirinhas
Banham seus corpos adorados
E remadores arrastam ladainhas

A quinta Santa Fabeau
É a mais bela das rocas
É um cipreste numa rocha
Quatro ventos nas tocas
E cada noite é uma tocha

A sexta metal de glória
É o amigo de doce mão
De quem cada manhã nos separa
Adeus eis o vosso chão
Os galos se cansam em fanfarra

E a sétima se esgota
Uma mulher uma rosa morta
Obrigado o último que vi
Sobre meu amor feche a porta
Eu nunca a conheci

Via-Láctea ó irmã luminosa
Dos brancos riachos de Canaã

[3a] *Hermes*: deus da eloquência, da ginástica, do comércio, dos ladrões e mensageiro dos deuses. (N. do T.)

E do corpo branco das amorosas
Nadadores mortos seguiremos com afã
Teu curso para outras nebulosas

Os demônios do acaso conforme
O cantar do céu nos levam
Seus violinos de voz perdida
Fazem dançar nossa raça de homem
De costas e na descida

Destinos impenetráveis destinos
Reis sacudidos pela loucura
E essas estrelas tremidas chamas
Falsas mulheres em vossas camas
Nos desertos que a história oprime

Luitpold o velho príncipe regente
Tutor de duas monarquias loucas
Soluçará pensando na gente
Quando os vaga-lumes vacilam
Moscas douradas da São João[4a]

Perto de um castelo sem castelã
A barca cantando barcarolas
Num lago branco e sob a lã
Dos ventos tremendo na primavera
Vogava cisne sereia era

Um dia o rei na água de prata
Afogou-se e a boca aberta
Voltou boiando num instante
Até a margem dormir inerte
A face voltada ao céu inconstante

Junho teu sol ardente lira
Queima meus dedos a arder

[4a] No hemisfério norte, a festa de São João se dá em pleno verão, época de calor e moscas. (N. do T.)

Triste e suave delírio
Ando pelo meu belo Paris
Sem ter coragem de morrer

Os domingos se eternizam
E o som dos realejos
Soluça nos pátios cinzas
As flores nos balcões de Paris
Inclinam como a torre de Pisa

Noites de Paris bêbadas de gim
E de eletricidade ardendo
Os bondes faróis verdes na espinha
Musicam nas pautas dos trilhos
Sua folia de máquinas correndo

Os terraços de café esfumaçados
Gritam todo o amor dos ciganos
De todos os tifões resfriados
De seus garçons de avental e panos
Até você, você que tanto amei

Eu que sei poemas para as rainhas
Dos meus anos o fado
Hinos de escravo às tainhas
A cantiga do mal-amado
E às sereias canções minhas

Os lírios-verdes

O campo é venenoso mas lindo no outono
As vacas estão pastando
E lentamente se envenenando
O lírio-verde cor de olheira e lilás
Lá floresce teus olhos são esta flor serena
Violetas como suas olheiras e como este outono
E a minha vida pelos teus olhos lentamente se envenena

Os meninos da escola vêm barulhentos
Vestidos de farda e tocando gaita
Eles colhem os lírios-verdes que são como mães
Filhas de suas filhas e são cor de tuas pálpebras
Que batem como as flores batem loucas aos ventos

O pastor do rebanho canta bem baixinho
Enquanto que lentas e mugindo as vacas abandonam
Para sempre este grande campo mal florido pelo outono

Palácio

A Max Jacob

Lá pelo palácio de Rosemonde[1] no fundo do Sonho
Vão descalços pela noite os pensamentos que sonho
O palácio presente do rei como um rei nu se ergue
Da carne chicoteada pelas rosas do roseiral

Vê-se chegar ao fundo do jardim minhas idéias vãs
Que sorriem do concerto tocado pelas rãs
Elas têm vontade do cipreste grande roca
E o sol espelho das rosas se choca

O estigma sangrento das mãos contra as janelas
Qual arqueiro mal ferido do poente o furou
A resina que deixa amargo o vinho de Chipre
Minha boca de ágapes de cordeiro branco a provou

Nos joelhos pontudos do monarca adúltero
No maio de sua idade e toda arrumada
Madame Rosemonde dá uma revirada
Nos seus olhinhos redondos iguais a olhos dos hunos

Dona dos meus pensamentos do cu de pérola fina
De quem nem pérola nem cu iguala o oriente
Quem esperais
Sonhadores pensamentos em marcha no Oriente
Minhas mais belas vizinhas

---

[1] *Rosemonde*: filha do rei dos gépidos (povo germânico), foi obrigada a casar com o rei dos lombardos, que havia matado o seu pai; e ela o assassinou em 572. (N. do T.)

Toc-toc entrai na antecâmara o dia termina
Na sombra é jóia de ouro cozido a lamparina
Pendurem pelas tranças suas cabeças à cortina
O céu quase noturno mostra luzes de agulhas

Entramos na sala de jantar as narinas
Cheiravam um aroma de gordura e má cozinha
Tivemos vinte sopas três das quais cor de urinas
E o rei tomou dois ovos cozidos num caldo

E os moços de cozinha trouxeram as carnes
Pensamentos mortos em meu cérebro como assados
Meus belos sonhos natimortos em pedaços bem passados
E minhas lembranças feito bolinhos podres

Ora esses pensamentos mortos em milênios passados
Tinham o gosto insípido dos grandes mamutes congelados
Os ossos ou as quimeras vinham dos ossuários
Em dança fúnebre nas voltas do meu cerebelo

E todos estes pratos gritavam coisas desiguais
        Mas Deus meu!
        Barriga com fome não tem ouvidos
E os convidados mastigavam cada qual mais

Ah! Deus meu! o que gritaram estas picanhas
Estes grandes patês *ossobucos* e entranhas
Línguas de fogo onde estão minhas pentecostes
Para meus pensamentos de todos os países todos os tempos

Cantor

E o único cordel dos clarins marinhos.

Crepúsculo

À Srta. Marie Laurencin

Roçada pela sombra dos mortos
Na grama onde o dia se extenua
A arlequina se pôs nua
E no lago mira seu corpo

Um charlatão crepuscular
Gaba os números que vão dar
O céu sem cor é um deleite
De astros pálidos como leite

No palco o arlequim descorado
Primeiro saúda os espectadores
Feiticeiros vindos da Boêmia
Algumas fadas e os encantadores

Ele desprendeu uma estrela
E a maneja com o braço esticado
Enquanto que dos pés um enforcado
Os címbalos na medida martela

O cego embala um belo pixote
A corça passa com seu filhote
O anão olha de ar triste
Crescer o arlequim trismegisto[1]

[1] *Trismegisto*: três vezes grande. (N. do T.)

Annie

Na costa do Texas
Entre Mobile e Galveston há
Um grande jardim todo cheio de rosas
Ele contém também uma casa
Que é uma grande rosa

Uma mulher sempre passeia
No jardim sozinha
E quando passo na estrada rodeada de tílias
Nós nos olhamos

Esta mulher é menonita
Suas roseiras e suas roupas não têm botões
Faltam dois ao meu paletó
A dama e eu seguimos quase o mesmo rito

A inglesa Annie Playden, uma das paixões do poeta.

A casa dos mortos

A MAURICE RAYNAL

Estendendo-se nos lados do cemitério
A casa dos mortos o cercava como um mosteiro
Dentro de suas vitrines
Iguais às das lojas de moda
Em vez de sorrir de pé
Os manequins faziam caretas pela eternidade

Chegado em Munique há quinze ou vinte dias
Eu havia entrado pela primeira vez e por acaso
Neste cemitério quase deserto
E eu batia os dentes
Diante de toda esta burguesia
Exposta e vestida o melhor possível
Esperando a sepultura

De repente
Rápido como a minha memória
Os olhos se reacenderam
De cela de vidro em cela de vidro
O céu povoou-se de um apocalipse
Vivo
E a terra plana até o infinito
Como antes de Galileu
Cobriu-se de mil mitologias imóveis
Um anjo de diamante quebrou todas as vitrines
E os mortos me abordaram
Com caras de outro mundo

Mas seus rostos e atitudes
Tornaram-se menos fúnebres
O céu e a terra perderam
Seu aspecto fantasmagórico

Os mortos se alegravam
De ver seus corpos falecidos entre eles e a luz
Eles riam de sua sombra e a observavam
Como se de verdade
Fosse a sua vida passada

Então eu os contei
Eram quarenta e nove homens
Mulheres e crianças
Que ficavam mais belos a cada instante
E me olhavam agora
Com tanta amizade
Tanto carinho até
Que gostando deles
De repente
Os convidei a um passeio
Longe das arcadas de suas casas

E todos dando-nos os braços
Cantando músicas militares
Sim todos os vossos pecados estão absolvidos
Deixamos o cemitério

Atravessamos a cidade
E encontrávamos muitas vezes
Parentes amigos que se juntavam
À pequena tropa dos mortos recentes
Todos estavam tão alegres
Encantadores e bem de saúde
Que muito esperto quem pudesse
Distinguir os mortos dos vivos

Mais tarde no campo
Nos dispersamos
Dois cavaleiros juntaram-se
Os festejamos
Cortaram madeira de briónia
E de sabugueiro
Da qual fizeram apitos
Que distribuíram às crianças

Depois num baile caipira
Os casais mãos sobre os ombros
Dançaram ao som amargo das cítaras

Não haviam esquecido a dança
Estes mortos e mortas
Bebíamos também
E vez ou outra um sino
Anunciava que um novo tonel
Iria ser aberto

Uma morta sentada num banco
Perto de uma moita de erva-espim
Deixava um estudante
Ajoelhado a seus pés
Falar-lhe de noivado

Lhe esperarei
Dez anos vinte anos se preciso
Vossa vontade será a minha

Vos esperarei
Toda a vossa vida
Respondia a morta

Crianças
Deste mundo ou então do outro
Cantavam cirandas
De palavras absurdas e líricas
Que sem dúvida são os restos
Dos mais antigos monumentos poéticos
Da humanidade

O estudante passou um anel
No dedo da jovem morta

Eis a prova do meu amor
Do nosso noivado
Nem o tempo nem a ausência
Nos farão esquecer nossas promessas

E um dia teremos uma bela núpcia
Feixes de mirto
Em nossos vestidos e em vossos cabelos
Um belo sermão na igreja
Longos discursos após o banquete
E música
Música

Nossos filhos
Disse a noiva
Serão mais belos mais belos ainda
Infelizmente! o anel estava quebrado
Do que se fossem de prata ou de ouro
De esmeralda ou diamante
Serão mais claros mais claros ainda
Que os astros do firmamento
Que a luz da aurora
Que vossos olhares meu noivo
Terão melhor cheiro ainda
Infelizmente! o anel estava quebrado
Que o lilás que acaba de florescer
Que o timo a rosa ou um ramo
De alfazema ou alecrim

Os músicos tendo ido embora
Nós continuamos o passeio

Às margens de um lago
Brincamos de ricochetear
Pedrinhas chatas
Sobre a água que dançava um pouco

Canoas estavam amarradas
Numa enseada
As desamarramos
Depois que toda a tropa embarcou
E alguns mortos remavam
Com tanto vigor quanto os vivos

Na frente da barca que eu dirigia
Um morto falava com uma moça
Vestida de uma saia amarela
Blusa preta
Com fitas azuis e um chapéu cinza
Enfeitado com uma única peninha lisa

Eu vos amo
Dizia ele
Como o pombo ama a pomba
Como o inseto noturno
Ama a luz

Tarde demais
Respondia a viva
Rechace rechace este amor proibido
Eu sou casada
Veja o anel que brilha
Minhas mãos tremem
Eu choro e queria morrer

As canoas haviam chegado
Num lugar onde os cavaleiros
Sabiam que um eco respondia da margem
Ninguém se cansou de o interrogar
Houve perguntas tão extravagantes
E respostas tão espirituosas
Que era de morrer de rir
E o morto dizia à viva

Seríamos tão felizes juntos
Sobre nós a água se fechará
Mas vós chorais e vossas mãos tremem
Nenhum de nós voltará

Chegamos à margem e foi o retorno
Os namorados se entreamavam
E por casais de belas bocas
Andavam a distâncias desiguais

Os mortos haviam escolhido os vivos
E os vivos
Mortas
Uma árvore de zimbro às vezes
Parecia um fantasma
As crianças rasgavam o ar
Soprando de bochechas cavadas
Nos seus apitos de briónia
Ou de sabugueiro
Enquanto os militares
Cantavam músicas tirolesas
Respondendo-se como se faz
Na montanha

Na cidade
A nossa tropa diminui pouco a pouco
Dizíamos
Até logo
Até amanhã
Até breve
Muitos entraram nos cafés
Alguns nos deixaram
Diante de um açougue canino
Para comprar a sua refeição da noite

Logo fiquei sozinho com estes mortos
Que iam direto
Ao cemitério
Onde
Sob as Arcadas
Eu os reconheci
Deitados
Imóveis
E bem vestidos
Esperando a sepultura atrás das vitrines

Eles não suspeitavam
Do que se havia passado
Mas os vivos guardavam a lembrança
Era uma felicidade inesperada

E tão certa
Que não temiam perdê-la

Eles viviam tão nobres
Que aqueles que na véspera ainda
Os olhavam como iguais
Ou até mesmo um pouco menos
Admiravam agora
Seu poder sua riqueza e seu gênio
Pois não há nada que o deixe mais elevado
Do que ter amado um morto ou uma morta
Nos tornamos tão puros que chegamos
Nas geleiras da memória
A nos confundir com a lembrança
Fomos fortificados para a vida
E não precisamos mais de ninguém

Clotilde

A anêmona e a aquilégia
Cresceram no jardim
Onde dorme a melancolia
Entre amor desprezo e jasmim

Vêm também as nossas sombras
Que a noite apagará
O sol que as torna escuras
Com elas desaparecerá

As divindades das águas-vivas
Deixam derramar seus cabelos
Passa é preciso que persigas
Esta bela sombra que desejas

Desfile

Ao Sr. Léon Bailby

Pássaro tranqüilo ao vôo avesso pássaro
Que se aninha no ar
No limite onde nosso solo já brilha
Baixa tua segunda pálpebra a terra te ofusca
Quando levantas a cabeça

E eu também de perto sou sombrio e fosco
Uma neblina vem escurecer as lanternas
Uma mão que de repente fica diante dos olhos
Uma abóbada entre vós e todas as luzes
E me afastarei iluminando-me entre as sombras
E alinhamentos d'olhos dos astros bem-amados

Pássaro tranqüilo ao vôo avesso pássaro
Que se aninha no ar
No limite onde brilha já minha memória
Baixa a tua segunda pálpebra
Não devido ao sol nem devido à terra
Mas por este fogo alongado cuja intensidade irá aumentando
Até tornar-se um dia a única luz

Um dia
Um dia eu esperava a mim mesmo
Eu me dizia Guilherme é tempo que venhas
Para que eu saiba enfim aquele que sou
Eu que conheço os outros

Eu os conheço pelos cinco sentidos e alguns mais
Basta-me ver seus pés para poder refazer estas pessoas aos
[milhares

Ver seus pés pânicos um só de seus cabelos
Ou suas línguas quando gosto de bancar o médico
Ou seus filhos quando gosto de me fazer de profeta
Os navios dos armadores a pena dos meus colegas
As moedas dos cegos as mãos dos mudos
Ou ainda por causa do vocabulário e não pela escrita
Uma carta feita por aqueles que têm mais de vinte anos
Basta-me sentir o cheiro de suas igrejas
O cheiro dos rios nas suas cidades
O perfume das flores nos jardins públicos
Ó Corneille Agrippa[1] o cheiro de um cachorrinho me teria
[bastado
Para descrever exatamente teus concidadãos de Colônia
Seus reis magos e o desfile ursulino[2]
Que te inspirava o erro com todas as mulheres
Basta-me provar o sabor do louro que se cultiva para que eu
[ame ou despreze
E tocar os vestidos
Para não duvidar se sois friorentos ou não
Ó pessoas que eu conheço
Basta-me ouvir o ruído de seus passos
Para poder indicar sempre a direção que tomaram
Bastam-me estes todos para me achar no direito
De ressuscitar os outros
Um dia eu esperava a mim mesmo
E me dizia Guilherme é tempo que venhas
E com um passo lírico avançavam os que eu amo
Entre os quais eu não estava
Os gigantes cobertos de algas passavam em suas cidades
Submarinas onde só as torres eram ilhas.
E este mar com as claridades das profundezas
Corria sangue de minhas veias e fazia meu coração bater
Depois na terra vinham mil povos brancos,
Cada homem segurava uma rosa na mão
E a linguagem que inventavam no caminho

[1] Cornelius Agrippa foi um alquimista alemão do século XV. (N. do T.)

[2] Santa Úrsula foi mártir na cidade de Colônia. (N. do T.)

A aprendi de suas bocas e a falo ainda
O desfile passava e nele eu procurava meu corpo
Todos aqueles que chegavam e não eram eu mesmo
Construíram-me pouco a pouco como se levanta uma torre
Os povos se amontoaram e eu mesmo apareci
Formado por todos os corpos e coisas humanas

Tempos passados falecidos os Deuses que me formaram
Vi apenas passando assim como vos passeis
E desviando meus olhos deste vazio futuro
Em mim mesmo vejo todo o passado crescer

Nada é morto salvo o que não existe ainda
Perto do passado brilhante amanhã é incolor
Ele não tem forma perto do que é perfeito
E apresenta juntos o esforço e o efeito

Marizibill

Na Alta-Rua em Colônia
Ela ia e vinha de madrugada
Dada a todos e bonitinha
Depois bebia da rua cansada
Muito tarde nos botequins

Ela vivia na pobreza
Para um cafetão ruivo e rosa
Era judeu e cheirava a alho
E a tinha vindo de Formosa
Tirado de um bordel de Xangai

Conheço pessoas de toda sorte
Não igualam o seu destino
Indecisos feito folhas mortas
Os olhos são fogos mal apagados
Os corações movem-se como portas

O viajante

A Fernand Fleuret

Abram esta porta onde bato chorando

A vida é variável feito o Euripo[1]

Você olhava um bando de nuvens descer
Com o navio órfão para febres futuras
E de todas estas saudades de todos estes lamentos
Lembras-te

Vagos peixes arqueados flores sobremarinhas
Uma noite era o mar
E os rios lá despejavam

Eu me lembro eu me lembro ainda

Uma noite desci num albergue triste
Perto de Luxemburgo
No fundo da sala voava um Cristo
Alguém tinha um furão
Outro um ouriço
Jogavam carteado
E você você me havia esquecido

Lembras-te do longo orfanato das estações de trem
Atravessamos cidades que todo o dia giravam
E vomitavam à noite o sol dos dias

---

[1] *Euripo*: faixa de mar na Grécia, de correntezas violentas, onde Aristóteles teria morrido afogado. As correntezas mudam de sentido várias vezes por dia. (N. do T.)

O marujos ó mulheres sombrias e vocês meus companheiros
Lembrem-se

Dois marujos que nunca se haviam separado
Dois marujos que nunca se haviam falado
O mais jovem morrendo caiu de lado

O vós queridos companheiros
Apitos elétricos das estações canto das ceifeiras
Trenó de um açougueiro regimento das ruas sem número
Cavalaria das pontes noites lívidas de álcool
As cidades que eu vi viviam como loucas

Lembras-te dos subúrbios e do rebanho queixoso das
[paisagens

Os ciprestes projetavam sob a lua suas sombras
Eu ouvia esta noite no declínio do verão
Um pássaro langoroso e sempre irritado
E o ruído eterno de um rio largo e escuro

Mas enquanto que morrendo rolavam para a foz
Todos os olhares todos os olhares de todos os olhos
As margens eram desertas herbosas silenciosas
E a montanha do outro lado muito clara

Então sem barulho sem que se pudesse ver nada vivo
Contra o monte passaram sombras vivazes
De perfil ou de repente virando suas faces vagas
E segurando a sombra de suas lanças à frente

As sombras contra o monte perpendicular
Cresciam ou então baixavam bruscamente
E estas sombras barbudas choravam humanamente
Escorregando passo a passo na montanha clara

Quem você reconhece nestas velhas fotografias
Lembras do dia em que uma abelha caiu no fogo
Era tu lembras no fim do verão

Dois marujos que nunca se haviam separado
O mais velho tinha no pescoço uma corrente de ferro
O mais moço fazia dos cabelos loiros uma trança

Abram esta porta onde bato chorando

A vida é variável feito o Euripo

A pintora Marie Laurencin.

Maria

Você lá dançava minha filha
Vovó lá dançareis
Saltita a quadrilha
Todos os sinos tocarão
Quando Maria voltareis

As máscaras são silenciosas
E a música tão longinho
Que parece vir dos céus
Sim quero vos amar mas vos amar pouquinho
As minhas penas são deliciosas

As ovelhas vão na neve
Flocos de lã e os de prata
Soldados passam de leve
Um coração meu este coração bata
Mudando e que mais não sei

Saberei onde irão teus cabelos
Crespos como mar de carneiro
Saberei onde irão teus cabelos
E tuas mãos folhas de outono
De nossas confissões o celeiro

Eu passava perto do Sena
Um livro antigo debaixo do braço
O rio é igual à minha pena
Corre e não seca jamais
Quando será que termina a semana

A branca neve

Os anjos os anjos no céu
Um está vestido de oficial
Um está vestido de cozinheiro
E os outros cantam

Belo oficial cor do céu
A doce primavera longo tempo após o Natal
Te dará a medalha de um belo sol
        De um belo sol

O cozinheiro depena os gansos
        Ah! caia neve
        Caia e por que não tenho
Minha bem-amada entre os braços

Poema lido no casamento de André Salmon

dia 13 de julho 1909

Vendo as bandeiras esta manhã eu não me disse
Eis os ricos vestidos dos pobres
Nem o pudor democrático quer esconder-me a sua dor
Nem a liberdade em honra faz que imitamos agora
As folhas ô liberdade vegetal ô única liberdade terrestre
Nem as casas ardem porque partiremos para não voltar
Nem estas mãos agitadas trabalharão amanhã para nós todos
Nem mesmo enforcamos aqueles que não sabiam aproveitar a
[vida
Nem mesmo renova-se o mundo retomando a Bastilha
Sei que só o renovam aqueles fundados em poesia
Enfeitaram Paris porque meu amigo André Salmon se casa

Nos encontramos num porão de boteco maldito
Ao tempo de nossa juventude
Ambos fumando e mal vestidos esperando a madrugada
Apaixonados apaixonados pelas mesmas palavras as quais será
[preciso mudar o sentido
Enganados enganados pobres pequenos e não sabendo ainda rir
A mesa e os dois copos tornaram-se um agonizante que nos
[lançou o último olhar de Orfeu
Os copos caíram quebraram
E aprendemos a rir
Partimos então peregrinos da perdição
Através das ruas através dos países através da razão
Voltei a vê-lo à margem do rio onde flutuava Ofélia
Que branca flutua ainda entre as vitórias-régias
Ele ia entre Hamlets pálidos
Na flauta tocando os ares da folia

Voltei a vê-lo junto a um mujique[1] morrendo contar as beatitudes
Admirando a neve igual às mulheres nuas
Voltei a vê-lo fazendo isto ou aquilo em honra das mesmas
[palavras
Que mudam a face das crianças e digo todas estas coisas
Lembrança e Futuro porque meu amigo André Salmon se casa

Vamos nos alegrar não porque a nossa amizade foi o rio que nos
[fertilizou
Terrenos ribeirinhos cuja fartura é o alimento que todos esperam
Nem porque nossos copos lançam mais uma vez o olhar de
[Orfeu morrendo
Nem porque crescemos tanto que muitos confundiriam nossos
[olhos com as estrelas
Nem porque as bandeiras estalam nas janelas dos cidadãos con-
[tentes há cem anos de ter a vida e pequenas coisas a defender
Nem porque fundados em poesia temos direitos sobre as palavras
[que formam e desfazem o Universo
Nem porque podemos chorar sem ridículo e porque sabemos rir
Nem porque fumamos e bebemos como antigamente
Vamos nos alegrar porque diretor do fogo e dos poetas
O amor que preenche assim como a luz
Todo o sólido espaço entre as estrelas e os planetas
O amor quer hoje que meu amigo André Salmon se case

[1] *Mujique*: camponês russo. (N. do T.)

O adeus

Colhi este ramo de primavera
O outono está morto pudera
Não nos veremos mais na terra
Cheiro do tempo ramo da serra
E lembre de quem te espera

Salomé

Para que uma vez mais João Batista sorria
Senhor eu dançarei melhor que um serafim
Mãe diga-me por que tanta melancolia
Vestida de condessa ao lado do delfim

Meu coração batia, batia forte à sua fala
Quando eu dançava no funchal escutando
E bordava lírios numa fita destinada
A flutuar no alto de sua bengala

E para quem agora farei bordados
Seu bastão refloresce às margens do Jordão
E todos os lírios ó rei Herodes quando vossos soldados
O levaram murcharam em meu jardim

Venham todos comigo lá na ribança
        Não chores ó belo bobo do rei
Pega esta cabeça em vez do chocalho e dança
Não toque a sua fronte minha mãe já é fria

Senhor ide na frente e que a guarda siga
Abriremos um fosso e nele o enterraremos
Plantaremos flores e em roda dançaremos
Até a hora em que terei perdido minha liga
        O rei sua tabaqueira
        A infante seu rosário
        O padre seu breviário

A porta

A porta do hotel sorri terrivelmente
Que tenho eu com isto ó minha mãe
De ser este empregado para quem ninguém existe
Casais de peixes[1] indo na profunda água triste
Anjos frescos que chegaram em Marselha ontem de manhã
Ouço morrer e remorrer longe uma cantiga vã
Humilde como sou que não sou nada que valha

Filho eu te dei o que eu tinha trabalha

---

[1] Apollinaire usa aqui uma palavra chinesa: "Pi-mus". Agradecemos ao Sr. Michel Décaudin, grande especialista em Apollinaire, pelas preciosas informações. (N. do T.)

Merlim e a velha mulher

O sol naquele dia se esparramava como um ventre
Sangrando lentamente sobre o céu maternal
A luz é minha mãe ó luz sangrenta
As nuvens corriam como um fluxo menstrual

Na encruzilhada onde nenhuma flor a não ser a rosa
Dos ventos mas sem espinho pode no inverno florescer
Merlim vigiava a vida e a eterna causa
Que faz morrer e depois o universo renascer

Uma velha sobre uma mula de verde coberta
Veio acompanhando a margem fluvial
E o antigo Merlim na planície deserta
Batia no peito exclamando Rival

O meu ser gelado cujo destino me oprime
Neste sol de carne que treme queres ver
Minha Memória chegar e amar-me minha igual
E que filho infeliz e belo eu quero ter

Seu gesto fez cair o orgulho dos cataclismas
O sol dançando remexia o umbigo
E de repente a primavera de amor e heroísmos
Trouxe um jovem dia de abril comigo

Os caminhos que vêm do oeste eram cobertos
De ossadas de ervas densas de destinos e flores
De tremidos monumentos com cadáveres verdes perto
Quando os ventos traziam pêlos e desgraças

Deixando a sua mula devagar chegou a amante
A pequenos golpes o vento desamassava sua roupa de cor
E os pálidos amantes juntaram suas mãos dementes
A união de seus dedos foi o único ato de amor

Ela bailou imitando um ritmo de festança
Gritando faz cem anos que espero o teu apelo
Os astros da tua vida influíam na minha dança
Morgana contemplava do alto do monte Gibelo

Ah! como é doce dançar quando para você se declara
Uma miragem onde tudo canta e os ventos de horror
Fingem ser o riso da lua clara
E espantar os fantasmas com furor

Fiz gestos brancos longe das multitudes
As almas dos mortos corriam os pesadelos povoar-te
Minhas vertigens exprimiam as beatitudes
Que são todas nada mais que puro efeito da Arte

Nunca colhi senão a flor do espinheiro
Nas primaveras findas que queriam fenecer
Quando as aves de rapina do natimorto cordeiro
Clamavam o roubo e de crianças-deuses que vão morrer

E envelheci viste durante a tua vida danço
Mas eu cansaria cedo e o espinheiro em flor
Este abril teria a pobre confidência
De um corpo de velha morta imitando a dor

E suas mãos subiam como um vôo de pomba
Claridade sobre a qual a noite caiu feito um condor
E Merlim foi para leste dizendo: Que ele tomba
O filho da Memória igual ao Amor

Que suba do barro ou seja sombra de homem
Ele será meu filho minha obra imortal
A fronte ornada de fogo no caminho de Roma
Ele andará sozinho olhando o céu de cristal

A dama que me espera se chama Viviane
E venha a primavera das novas dores
Deitado na tussilagem e na manjerona
Me eternizarei sob os espinheiros em flores

Saltimbancos

A Louis Dumur

Na planície os dançarinos
Se afastam como peregrinos
No solar dos albergues cinza
Pelas aldeias sem igreja

E as crianças vão na frente
Os outros seguem indolente
As árvores se conformam
Quando de longe eles acenam

Eles têm pesos redondos quadrados
Tambores arcos dourados
Urso ou macaco nada selvagem
Pede dinheiro na sua passagem

O ladrão

CORO

Vagabundo estrangeiro infeliz desajeitado
Ladrão, ladrão por que não pediste estas frutas
Mas já que tens fome e estás exilado
Ele chora é bárbaro e bom que seja perdoado

LADRÃO

Confesso o roubo das frutas doces das frutas maduras
Mas não é o exílio que venho simular
E saibam que espero medianas torturas
Injustas se devolver tudo o que pude roubar

VELHO

Saído da espuma dos mares igual Afrodite[1]
Seja dócil já que és belo Naufragado
Veja os sábios te fazem gestos socráticos
Falarão de amor quando ele tiver se alimentado

CORO

Moleque estrangeiro desajeitado e doente
Teu pai foi uma esfinge e tua mãe uma noite
Que encantou de luz Zacinto[2] e as Cíclades[3]
Fingiste ter fome quando roubaste as frutas

---

[1] *Afrodite*: deusa grega da beleza e do amor, chamada pelos romanos de Vênus. (N. do T.)

[2] *Zacinto* (Zacinthe): antigo nome de Zante, ilha grega. (N. do T.)

[3] *Cíclades*: ilhas gregas do Mar Egeu. (N. do T.)

Ladrão

Possuidores de frutas maduras que direi às injúrias
Ouvir tua voz lígure[4] em cantos fúnebres ó mãezinha
Já que não tiveram enfim a púbere e o adulto
Nenhum pretexto senão de amarem-se à noitinha

Havia frutas redondas como almas
E amêndoas de pinhas cobriam
Vosso jardim marinho onde deixei meus remos
E minha faca púnica[5] aos pés destes elmos

Os limões cor de azeite e sabor de água fria
Pendurados entre as flores dos limoeiros torcidos
Os pássaros com seu bico feriram vossas granadas
E quase todos os figos estavam fendidos

O Ator

Ele entrou na sala dos afrescos que retratam
O incesto solar e noturno nos céus e luas
Senta aqui para melhor ouvir as vozes lígures
Ao som dos instrumentos das lídias[6] nuas

Ora os homens tendo máscaras de teatro
E as mulheres colares que ostentavam plebéia
A pedra do fígado de velho galo de Tanagra[7]
Falavam entre eles a linguagem da Caldéia

Os ventos langorosos lá fora fingiam o outono
Os convidados eram só casais de amantes
Que disseram todos Ladrão eu te perdôo
Recebe primeiro o sal e o pão adiante

---

[4] *Lígure*: antigo povo e região do norte da Itália. (N. do T.)

[5] *Púnica*: de Cartago, na atual Tunísia. (N. do T.)

[6] *Lídia*: antigo povo e região da Ásia Menor. (N. do T.)

[7] *Tanagra*: aldeia da Grécia famosa pelas estatuetas de barro. (N. do T.)

O caldo que esfria será insípido a teus lábios
Mas o saco de pele de bode deixa o vinho mais fresco
[que tonel
Por ironia queres que te sirva um prato de favas
Ou sonhos de flores encharcados no louro mel

Uma mulher lhe disse: Não invocas ninguém
Acreditas então no acaso que corre na ampulheta
Ladrão conheces melhor as leis apesar dos homens
Queres o talismã feliz de minha estatueta

Ladrão de frutas vira para mim teus olhos líricos
Encham de nozes a sacola do herói
Ele é mais nobre que o pavão pitagórico
O golfinho a víbora macho ou o touro

Quem és tu que veio graças ao vento cita[8]
Vieram tantos pelo mar ou pela estrada
Conquistadores perdidos que se retiravam muito rápido
Colunas de piscar de olhos que fugiam à trovoada

Coro

Um homem gago tendo na fronte dois jatos de chamas
Passou levando um povo ínfimo para o orgulho
De comer a cada dia codornizes e o maná
E ter visto o mar aberto como um olho

Os tiradores de água barbudos penteados com tiras
Pretas e brancas contra os males e mau agouro
Voltavam do Eufrates e os olhos das corujas
Atraiam às vezes os procuradores de tesouro

Este inseto falador ó poeta bárbaro
Voltava castamente na hora de morrer

---

[8] *Citas*: antigos povos do nordeste da Europa e noroeste da Ásia. (N. do T.)

À floresta preciosa aos pássaros genípari[9]
Às rãs que o céu e as fontes fazem amadurecer

Um triunfo passava gemendo sob o arco-íris
Com pálidos laureados de pé nas carruagens
As estátuas suando gracejos e ovelhas
E a angústia rouca das pavoas e gansos selvagens

As viúvas precediam debulhando cachos
Os bispos negros reverenciando sem o saber
Ao triângulo isósceles aberto de sua fivela
Palas[10] e cantavam o hino à negra mas bela.

Os cavalgadores nos jogaram no porvir
Os fogos cheios de cinza ou de flores então
Teremos beijos florentinos sem o dizer
Mas ao jardim esta noite vieste sábio e ladrão

Aqueles de tua seita veneram um signo obsceno
Belfegor[11] o sol o silêncio ou o cão
Este furtivo ardor das cobras que se entreamam

O Ator

E o ladrão das frutas gritou: Eu sou cristão

Coro

Ah! Ah! os colares vão tinir as máscaras gracejar
Vá embora vá contra o fogo a sombra prevalece
Ah! Ah! o ladrão da esquerda na tempestade
Rirá de você como relincha um cavalo que aparece

---

[9] *Genîparos*: diz-se das plantas ou animais que se reproduzem por gemas ou gomos. (N. do T.)

[10] *Palas*: nome de Athena (ou Minerva, entre os romanos), deusa da sabedoria e da estratégia da guerra.

[11] *Belfegor*: forma grega de um ídolo dos antigos povos moabitas e amonitas. (N. do T.)

MULHER

Ladrão das frutas vira para mim teus olhos líricos
Encham de nozes a sacola do herói
Ele é mais nobre que o pavão pitagórico
O golfinho a víbora macho ou o touro

CORO

Ah! Ah! sacudiremos toda a noite os sistros[12]
A voz lígure era então um talismã
E se não fores da direita és sinistro
Feito uma mancha cinza ou o pressentimento

Já que o absoluto cai a queda é uma prova
Que dobra triplica antes de ter sido
Confessamos que a gravidez nos emocionava
Só os ventres poderão negar a essência de Deus

Veja os vasos estão cheios de úmidas flores morais
Vá embora mas desnudo pois tudo é nosso
Ouça do coro dos ventos as cadências musicais
E pega o arco para matar unicórnio ou antílope

A sombra dúbia e tenra é o luto de tua carne
E sombria ela é humana e a nossa também
Vá embora o crepúsculo tem luzes leves
E nos teus relatos não acreditaria ninguém

Ele brilhava e atraia como a esmeralda
Por que não tinha a voz e as saias de Orfeu
E as mulheres de noite fingindo ser bezerros
O teriam amado como o amaram sem erros

Ele era pálido ele era belo como um rei avarento
Por que não tinha a voz e as saias de Orfeu

---

[12] *Sistro*: instrumento de cordas usado até o século XVIII. (N. do T.)

A pedra do fígado de um velho galo de Tanagra
Em vez do junco triste e do fúnebre fardo seu

Por que não foi viver na corte do rei de Edesse[13]
Magro e mágico o céu teria estudado
Pálido e mágico poetas teria amado
Justo e mágico demônios teria poupado

Vai vaguear crédulo e ruivo com a tua sombra
Seja! a trindade é macho e tu és virgem na fria luz
O tato é relativo mas a vista é oval
Não tens outro signo senão o signo da cruz

---

[13] *Edesse*: antiga cidade da Mesopotâmia, hoje Urfa, na Turquia. (N. do T.)

O vento noturno

Oh! os topos dos pinheiros rangem ao bater
E se ouve também o vento gemer
E do rio próximo com grandes vozes triunfantes
Os gnomos rir ou soprar corneta nas rajadas crepitantes
Attys, Attys, Attys[1] encantador e mal cuidado
É teu nome que na noite os gnomos têm zombado
Porque um de teus pinheiros cai no vento gótico
A floresta foge ao longe como exército caótico
Cujas lanças ó pinheiros se agitam nas viradas
Meditam agora as aldeias apagadas
Como as virgens os velhos e os poetas
E não acordarão ao passo de nenhum chegante
Nem quando sobre seus pombos cairão os gipaetos[2]

---

[1] *Attys*: deus da Frígia (Ásia Menor) cujo culto dava cenas de orgia. (N. do T.)

[2] *Gipaeto*: abutre, ave de rapina. (N. do T.)

Lul de Faltenin[1]

A Louis de Gonzague Frick

Sereias rastejei até que vossas
Grutas mostrassem aos mares a língua
Dançando diante de seus cavalos
E batam vossas asas de anjo à míngua
E eu ouvia estes coros rivais

Uma arma ó minha cabeça inquieta
Eu agito um galho sem flores
Para afastar o hálito morno
Que exalam contra minhas grandes dores
Vossas terríveis bocas mudas

Há lá longe a maravilha
Que valeis vós ao seu preço
O sangue jorra de minha cruz[2]
Ao meu aspecto e o confesso
O assassinato de meu duplo orgulho

Se os bateleiros remaram
Longe dos lábios na flor da onda
Mil e mil animais encantados
Farejam a estrada como ronda
Ao encontro de minhas feridas bem-amadas

---

[1] *Lul de Faltenin*: nome malicioso; "Lul", na gíria flamenga, é o sexo masculino, e "Faltenino", "o que segura o falo". (N. do T.)

[2] Apollinaire usa a palavra "otelles", que eram móveis dispostos como uma cruz. (N. do T.)

Seus olhos estrelas bestiais
Iluminam minhas compaixões
Que importa que minha sabedoria iguale
A das constelações
Pois sou eu só noite que te estrelo

Sereias enfim eu desço
Numa gruta ávida Amo
Vossos olhos os degraus são escorregadios
Ao longe tornem-se anãs chamo
Não atraiam mais nenhum passante

Na atenta e bem-ensinada
Vi folhear nossas florestas
Mar o sol se gargareja
Onde os marujos desejavam arestas
Que vergas e mastros renasçam

Desço e o firmamento
Tornou-se rápido medusa
Já que queimo terrivelmente
Que só meu braço a desculpa usa
E as tochas de meu tormento

Pássaros mostrassem aos mares a língua
O sol de ontem me encontrou
As cruzes vos ensangüentaram
No ninho das Sereias que se afastou
Do rebanho de estrelas ovais

A cigana

A cigana sabia de antemão
Nossas duas vidas presas pelas noites
Lhe dissemos adeus e então
Deste poço saiu a esperança

O amor pesado como um urso
Dançou de pé quando quisemos
O pássaro azul perdeu suas penas
E os mendigos suas novenas

A gente bem sabe que se dana
Mas a esperança de amar na caminhada
Nos faz pensar de mão dada
No que previu a cigana

O eremita

A Félix Fénéon

Um eremita descalço perto de um crânio embranquecido
Gritou: Eu vos amaldiçôo martírios e aflições
Tentações demais apesar de mim me acariciam
Tentações de lua e de disputas de palavras

Estrelas demais fogem quando eu rezo
Ó chefe de morta ó velho marfim Órbitas buracos
Das narinas roídas Tenho fome Meus gritos estão roucos
Eis para o meu jejum um pedaço de queijo

Ó Senhor açoite as nuvens do pôr-do-sol
Que estendem no céu tão belos cus rosas
E é a noite as flores do dia já se fecham
E os camundongos na sombra encantam o assoalho

Os humanos sabem tantos jogos o amor
O amor jogo dos umbigos ou jogo do ganso
O jogo do número ilusório dos dedos
Senhor faça Senhor que um dia eu me apaixone

Espero aquela que me estenderá seus dedos miúdos
Quantos sinais brancos nas unhas as preguiças
As mentiras no entanto espero que as erga
Suas mãos enamoradas diante de mim a desconhecida

Senhor o que te fiz Veja Eu sou unicórnio
No entanto apesar de seu belo medo concupiscente
Feito uma criança querida meu sexo é inocente
De estar angustiado sozinho e erguido como um marco

Senhor o Cristo está nu Joguem joguem sobre ele
A túnica sem costura apaguem os ardores

Ao poço vão afogar-se tantas batidas de horas
Quando em intervalos iguais caem as gotas de chuva

Velei trinta noites sob os louros rosas
Suaste sangue Cristo em Getsêmani
Crucificado responda Diga não Eu o nego
Pois esperei demais em vão os estigmas

Eu escutava ajoelhado apaixonarem-se as batidas
Do coração o sangue rodava sempre em suas artérias
Que são velhos corais ou são cogumelos
E a minha aorta era avarenta perdidamente

Uma gota caiu Suor E a sua cor
Luz O sangue tão vermelho e eu ri dos danados
Depois enfim entendi que eu sangrava do nariz
Devido aos perfumes violentos de minhas flores

E ri do velho anjo que não apareceu
De vôo muito indolente me dar um belo cálice
Ri da asa cinza e tiro meu cilício
Costurado de crinas sedosas por cruéis operárias

Vertuchou Riotant[1] das vaginas das papisas
Santas sem peitos irei para as cidades
E lá talvez morrer pela minha virgindade
Entre as mãos as peles as palavras e as promessas

Apesar dos ventos azuis eu me ergo divino
Como um raio de lua adorado pelo mar
Em vão eu supliquei todos os santos fora do calendário
Nenhum me consagrou meus doces pães sem fermento

E eu ando Eu fujo à noite Lilith[2] uiva
E clama em vão e vejo grandes olhos

---

[1] *Vertuchou Riotant*: nome de conotação cômica em francês. (N. do T.)

[2] *Lilith*: demônio feminino. (N. do T.)

Abrirem-se tragicamente ó noite vejo teus céus
Estrelarem-se calmamente de esplêndidas pílulas

Um esqueleto de rainha inocente está enforcado
A um longo fio de estrela em desespero severo
À noite os bosques são negros e morre a esperança verde
Quando morre o dia com um grito inesperado

E eu ando eu fujo ó dia a emoção da alvorada
Fechou o olhar fixo e doce de velho rubis
Das corujas e eis o olhar das ovelhas
E das porcas com tetas rosas como orelhas

Corvos de asas abertas igual a um til fazem
Uma sombra vã aos pobres campos de centeio maduro
Perto dos burgos onde os casebres são impuros
Por terem corujas mortas pregadas em seu teto

Meus quilômetros longos Minhas tristezas inteiras
Os esqueletos de dedos terminando os pinheiros
Perderam minha estrada e meus sonhos de nené
Muitas vezes e dormi no chão dos pinheirais

Enfim Ó noite pasmada No fim de meus caminhos
A cidade me apareceu muito grave ao som dos sinos
E minha luxúria morre agora que me aproximo
Entrando abençoei as multidões das duas mãos

Cidade eu ri de teus palácios como trufas
Brancas no chão cavado de clareiras azuis
Ora meus desejos vão embora todos em fila
Minha enxaqueca piedosa vestiu seu escapulário

Pois todas vieram confessar-me os seus pecados
E Senhor sou santo pelo voto das amantes
Zelotide e Lorie Luisa e Diamante
Disseram Podes saber ó tu o espantado

Eremita absolve nossas culpas nunca veniais
Ó tu o puro e o arrependido que nós amamos

Saiba nossos corações esconde os jogos que amamos
E nossos beijos quintessência como mel

E eu absolvo as confissões púrpuras como seu sangue
Das poetas nuas das fadas das fornicadoras
Nenhum pobre desejo enche o meu peito
Quando vejo à noite os casais se abraçando

Pois não quero mais nada a não ser deixar fechar
Meus olhos casal cansado no jardim ofegante
Cheio da agonia pomposa das groselheiras sangrentas
E da santa crueldade da flor da paixão

Outono

Na neblina vão um camponês de pernas tortas
E seu boi lentamente na neblina de outono
Que esconde as aldeias pobres e mortas

E andando lá o camponês canta à meia voz
Uma canção de amor e traição
Que fala de anel e quebra de um coração

Oh! o outono o outono fez morrer o verão
Na neblina duas silhuetas cinzas se vão

O emigrante de Landor Road

A André Billy

O chapéu na mão ele entrou com o pé direito
Num alfaiate muito chique e fornecedor do rei
Este comerciante tinha cortado algumas cabeças
De manequins vestidos como um dia me vestirei

A multidão se mexia em todos os sentidos misturando
Sombras sem amor que se arrastavam no chão
E das mãos para o céu pleno de lagos de luz
Voavam às vezes pássaros brancos em vão

Meu navio partirá amanhã para a América
E não voltarei jamais
Com o dinheiro ganho nas planícies líricas
Guiar minha sombra cega nestas ruas que amais

Pois voltar é bom para um soldado das Índias
Os corretores venderam minhas medalhas de ouro fino
Mas bem vestido quero dormir enfim
Sob árvores cheias de pássaros mudos e babuínos

Os manequins para ele se desvestindo
Bateram suas roupas e nele as ensaiaram
O terno de um lorde morto sem ter pago
Com desconto o vestiu como um milionário

Lá fora os anos
Olhavam a vitrine
Os manequins vítimas
E passavam acorrentados

Intercalados no ano vinham os dias viúvos
As sextas-feiras sangrentas e lentas de enterro

De branco e negro vencidos dos céus que chovem
Quando a mulher do diabo bate seu amante no desterro

Depois num porto de outono de folhas indecisas
Quando as mãos da multidão folheavam também
Sobre o convés do navio ele colocou sua valise
E sentou

Os ventos do Oceano soprando suas ameaças
Deixavam em seus cabelos longos beijos molhados
Emigrantes acenavam ao porto suas mãos cansadas
E outros chorando se haviam ajoelhado

Ele olhou muito tempo a costa que morreu
Só barquinhos de criança tremiam no horizonte
Um pequeno ramo de flores flutuando na aventura
Cobriu o Oceano como um imenso monte

Ele queria estas flores como a glória
Brincar em outros mares entre todos os golfinhos
E teciam na sua memória
Uma tapeçaria sem-fim
Que figurava sua história

Mas para afogar transformadas em piolhos
Estas tecelãs teimosas que sempre interrogam
Ele se casou como um Doge[1]
Aos gritos de uma sereia moderna sem esposo

Cresce em direção à noite Ó Mar Os olhos dos tubarões
Até a alvorada espiaram de longe sedentos
Cadáveres de dias roídos pelas constelações
Entre o ruído das águas e dos últimos juramentos

[1] *Doge*: principal governante das antigas repúblicas de Veneza e Gênova. (N. do T.)

Rosemonde

A André Derain

Longamente ao pé da soleira
Da casa onde entrou a dama
Que eu havia seguido durante duas
Boas horas em Amsterdã
Meus dedos jogaram beijos

Mas o canal estava deserto
O cais também e ninguém viu
Como meus beijos encontraram
Aquela a quem dei minha vida
Um dia mais de duas horas

Eu a chamei Rosemonde
Querendo poder lembrar
Sua boca florida na Holanda
Depois lentamente me fui
Procurar a Rosa do Mundo

O fogo

A Paul-Napoléon Roinard

Joguei no nobre fogo
Que transporto e adoro
Vivas mãos e mesmo
Este Passado estas caveiras
Chama eu faço o que tu queres

O galope repentino das estrelas
Sendo só o que advirá
Se mistura ao relincho macho
Dos centauros no seu estábulo
E dos grandes lamentos vegetais

Onde estão estas cabeças que eu tinha
Onde está o Deus de minha juventude
O amor se tornou mau
Que no braseiro as chamas renasçam
Minha alma no sol se despe

Na planície cresceram chamas
Nossos corações pendurados nos limoeiros
As cabeças cortadas que me aclamam
E os astros que sangraram
São só cabeças de mulheres

O rio alfinetado sobre a cidade
Te fixa como um vestido
Partindo ao amphion[1] dócil

---

[1] *Amphion*: poeta e músico que construiu as muralhas de Tebas tocando flauta. As pedras vinham se empilhar sozinhas. (N. do T.)

Suportas todos os tons encantadores
Que deixam as pedras ágeis

Queimo no braseiro do ardor adorável
E as mãos dos crentes lá me jogam múltiplo inumeravelmente
Os membros dos *intercessados* queimam perto de mim
Afastem das chamas as ossadas
Basto para a eternidade a alimentar o fogo de minhas delícias
E pássaros protegem de suas asas minha face e o sol

Ó Memória Quantas raças que degeneram
Das Tindárides[2] às víboras ardentes da minha felicidade
E as cobras não são senão pescoços de cisnes
Que eram imortais e não eram cantores
Eis minha vida renovada
Grandes navios passam e repassam
Mergulho mais uma vez minhas mãos no Oceano

Eis o transatlântico e minha vida renovada
Suas chamas são imensas
Não há mais nada de comum entre mim
E aqueles que temem as queimaduras

Descendo das alturas onde a luz pensa
Jardins rolando mais alto que todos os céus móveis
O futuro mascarado arde atravessando os céus

Esperamos teu belo prazer ó minha amiga

Mal ouso olhar a divina mascarada

Quando azular no horizonte a Desirade[3]

---

[2] *Tindare*: rei lendário de Esparta e marido de Leda. Ela foi amada por Zeus, que tomou a forma de um cisne, para seduzi-la. (N. do T.)

[3] *Desirade*: ilha das Antilhas francesas. (N. do T.)

Acima de nossa atmosfera ergue-se um teatro
Que construiu o verme Zamir[4] sem instrumento
E o sol voltou ensolarar as praças
De uma cidade marinha aparecida junto ao monte
Nos telhados descansavam pombas fatigadas
E o rebanho de esfinges voltou à esfingeria
A pequenos passos Ele ouviu a canção do pastor toda a vida
Lá em cima o teatro é construído com fogo sólido
Como os astros de que se alimenta o vazio

E eis o espetáculo
E para sempre estou sentado numa poltrona
Minha cabeça meus joelhos meus cotovelos estrela vã
As chamas cresceram sobre mim como folhas

Atores desumanos claras bestas novas
Dão ordens aos homem domesticados
Terra
Ó Rasgada que os rios costuraram

Preferiria noite e dia nas esfingerias
Querer saber para que enfim me devorassem

---

[4] *Zamir*: verme que teria cortado as pedras do Templo de Salomão. (N. do T.)

Renanos

Noite renana

Meu copo é cheio de um vinho que treme como chama
Escutem a canção lenta do bateleiro que chama
E conta ter visto sob a lua sete mulheres até
Torcendo os cabelos verdes e longos até o pé

Levantem cantem mais alto rodando tanto
Que eu não ouça mais do bateleiro o canto
E ponham perto de mim todas as louras fadas
De olhar imóvel e tranças dobradas

O Reno o Reno é bêbado onde a vinha se mira
Todo o ouro das noites tremendo lá se admira
A voz canta sempre até que morrerão
Estas fadas de cabelos verdes que encantam o verão

Meu copo se estilhaçou como um riso

Maio

Maio o belo maio de barco sobre o Reno
Damas olhavam do alto da montanha
Vocês são tão lindas mas o barco se afasta sereno
Quem causa o pranto dos chorões da Alemanha

Hortas floridas lá atrás deixei
As pétalas caídas das cerejeiras de maio
São as unhas daquela que amei
Suas pálpebras as pétalas de maio

À beira do rio no caminho lento
Urso macaco cachorro levados pelo cigano
Seguiam uma carroça puxada por um asno
Enquanto se afastava no vinhedo renano
Num pífano longínquo o som do regimento

Maio o belo maio enfeitou as ruínas
De hera de vinha virgem e roseiras
O vento do Reno sacode os cestos de vime
E os juncos faladores e as flores nuas das videiras

A sinagoga

Ottomar Scholem e Abraão Loewereno
Chapéu de feltro verde na manhã de sábado
Vão à sinagoga acompanhando o Reno
E as colinas e das vinhas o avermelhado

Eles brigam e gritam nem se ousa traduzir
Bastardo nasceu na menstruação o diabo te jogue saraiva
O velho Reno levanta a face e se volta a sorrir
Ottomar Scholem e Abraão Loewereno estão com raiva

Porque no sábado não se deve fumar
Enquanto os cristãos passam com charuto aceso
E porque Ottomar e Abraão estão ambos a amar
Lia dos olhos de ovelha e ventre um pouco obeso

Mas em breve um e outro na sinagoga
Levantando o chapéu a Torá beijarão
Nas folhagens da festa das cabanas se roga
Ottomar cantando sorrirá a Abraão

Deixarão de cantar e as vozes graves dos homens
Farão gemer um Leviatã no Reno voz de outono
E na sinagoga cheia de chapéus agitarão os loulabim
Hanoten ne Kamoth bagoim tholahoth baleoumim

Os sinos

Belo cigano meu amante
Ouça os sinos tocando
Nós nos amamos bastante
Sem ninguém nos olhando

Mas ficamos mal escondidos
Todos os sinos do mundo
Nos viram como cupidos
E contaram a todo mundo

Amanhã Henrique e Frido
E Úrsula amiúde
A padeira e seu marido
A minha prima Gertrude

Sorrirão quando eu passar
Onde ficar não vou saber
Você longe irei chorar
Talvez até morrer

A Lorelei

A Jean Sève

Em Bacharach havia uma loira feiticeira
Que matava de amor todos os homens da ribeira

No seu tribunal o Bispo a mandou presa
De antemão a absolveu por sua beleza

Ó bela Lorelei dos olhos de pedraria
De que mágico tens a tua bruxaria

Estou cansada de viver maldito é meu olhar
Os que me olharam Bispo viram a morte chegar

Meus olhos são chamas e não pedrarias
Jogue, jogue às chamas estas bruxarias

Eu queimo nestas chamas ó bela Lorelei
Que um outro te condene a mim enfeitiçai

Bispo estais rindo Orai a Virgem por mim
Faça-me morrer e Deus proteja o vosso fim

Meu amante partiu para um país distante
Faça-me morrer pois não amo mais bastante

Meu coração dói tanto que devo falecer
Se eu me olhasse precisaria morrer

Desde que ele foi o coração dói tanto
No dia em que ele foi começou meu pranto

O Bispo chamou três cavaleiros de lanças
Levem ao convento esta louca sem esperanças

Vai Lore louca vá Lore do olhar tremido
Serás uma freira de negro e branco vestido

E foram-se na estrada os quatro cavalgando
Lorelei implorava os olhos astros brilhando

Cavaleiros deixai-me subir neste alto rochedo
Ver uma vez mais meu belo castelo em segredo

Mirar-me uma vez mais nestas margens
E irei ao convento das viúvas e virgens

No alto o vento torcia seu solto cabelo
Lorelei, Lorelei é dos cavaleiros o apelo

Lá longe no Reno vem quem me ama
Vejo meu amante ele me chama

Meu coração é doce ao seu aceno
Ela se debruça então e cai no Reno

A bela Lorelei viu na água o tesouro
Seus olhos cor do Reno seus cabelos de ouro

Schinderhannes

A Marius-Ary Leblond

Na floresta com seu bando
Schinderhannes se desarmando
O bandido com sua bandida
Relincha de amor ao maio lindo

Benzel agachado lê a Bíblia
Sem ver que seu chapéu pontudo
Com pena de águia serve de mira
A Jacob Born o cornudo

Juliette Blaesius que arrota
Finge estar com soluço debalde
Hannes solta uma falsa nota
Quando chega Schulz levando um balde

E grita com soluços de soslaio
Balde cheio de vinho perfumado
Que venha hoje o delegado
Teremos tomado o vinho de maio

Vamos Júlia a donzela
Bebe conosco este caldote
De ervas e vinho de Mosela
Prosit[1] bandido de saiote

[1] *Prosit*: pronuncia-se “prost”: é o brinde tradicional alemão. (N. do T.)

Esta bandida logo bêbada apela
E quer Hannes que não quer dela
Nada de amor agora minha galinha
Nos prepara uma boa jantinha

Esta noite que eu assassine
Este rico judeu à margem do Reno
À luz das tochas de resina
A flor de maio é o dinheiro

Come então todo o bando
Peida e ri durante o jantar
Depois chora à alemã
Antes de ir assassinar

Renana de outono

A Toussaint Luca

Os filhos dos mortos vão brincar
No cemitério
Martin Gertrude Hans e Henri
Nenhum galo foi hoje cantar quiquiriqui

As velhas mulheres
Chorando caminham
E os bons asnos
Berram *hihan* e comem as flores
Das coroas funerárias

É o dia de finados e com toda a alma
As crianças e as velhas
Acendem círios e velas
Sobre cada túmulo católico
As velhas de véu
As nuvens do céu
São como barbas de bode

O ar treme de chamas e de rezas
O cemitério é um belo jardim
Cheio de chorões cinza e alecrim
Chegam muitos mortos que se enterra
Ah! como estais bem no belo cemitério

Vocês mendigos mortos bêbados de cerveja
Vocês os cegos como o destino
E vocês crianças pequenas mortas em oração

Ah! como estais bem no belo cemitério
Vocês burgomestres vocês bateleiros
E vocês conselheiros de regência
Vocês também ciganos sem documentos
A vida vos apodrece na pança
A cruz nos cresce entre os pés

O vento do Reno uiva com as corujas
Ele apaga as velas que as crianças reacendem
E as folhas mortas
Vêm cobrir os mortos

Filhos mortos falam às vezes com sua mãe
E algumas mortas bem que queriam voltar

Oh! não quero que saias
O outono é cheio de mãos cortadas
Não não são folhas mortas
São as mãos das queridas mortas
São tuas mãos cortadas

Choramos tanto hoje
Com estes mortos seus filhos e as velhas
Sob o céu sem sol
No cemitério repleto de chamas

E depois no vento nos retornamos

A nossos pés rolavam castanhas
Cujas cascas eram

Como o coração ferido da madona
De quem duvidamos se teve a pele
Cor das castanhas de outono

Os pinheiros

Os pinheiros de chapéu pontudo
E longos vestidos
Como astrólogos contudo
Saúdam seus irmãos abatidos
Os barcos que sobre o Reno navegam

Nas sete artes instruídos
Pelos velhos pinheiros mais vividos
Que são grandes poetas
Eles se sabem predestinados
A brilhar mais do que planetas

A brilhar transformados de leve
Em estrelas e cobertos de neve
Nos Natais felizes
Festas do pinheiro sonhador
Dos longos galhos de langor

Os pinheiros belos músicos amigos
Cantam natais antigos
Ao vento do anoitecer de outono
Ou graves mágicos então
Rogam o céu do trovão

Filas de brancos querubins
Substituem no inverno os pinheiros
E oscilam suas asas belas
No verão são grandes rabinos
Ou então velhas donzelas

Pinheiros médicos divagando
Vão dando sua boa receita
Quando a montanha dá à luz

De vez em quando sob o furacão
Um velho pinheiro geme e se deita

As mulheres

Na casa do vinicultor as mulheres costuram
Lenchen alimenta o fogão e põe água no café
Por cima — O gato se espreguiça e se aquece até
— Gertrude e seu vizinho Martin por fim casaram

O rouxinol cego tentou cantar
Mas a coruja uivando ele tremeu na gaiola
Aquele cipreste parece o papa de sacola
Sob a neve — O carteiro vem parar

Para conversar com o novo professor
— Este inverno é muito frio o vinho será melhor
— O sacristão surdo e coxo está a morrer
— A filha do velho mestre está a coser

Para a festa do padre A floresta lá
Graças ao vento cantava com voz grave de órgão
O sonho Herr Traum veio com sua irmã Frau Sorge
Kaethi você não remendou estas meias lá

— Traga o café, a manteiga e pão em fatias
A marmelada, a banha, uma jarra de leite até
— Lenchen, por favor, mais um pouco de café
— Parece que o vento diz frases latinas

— Mais um pouco de café Lenchen, por favor
— Lotte estás triste Ó coraçãozinho — Acho que ela ama
— Deus guarde — Por mim só amo a mim mesma
— Calados Agora vovó reza seu terço com fervor

— Preciso de açúcar candi Leni estou com tosse
— Pedro leva seu furão coelhos caçar
O vento a todos os pinheiros fazia dançar
Lotte o amor deixa triste — Ilse a vida é doce

A noite caía Os vinhedos de galhos retorcidos
Na escuridão se tornavam ossuários
Nevados e curvados lá jaziam sudários
E cães latiam aos passantes estremecidos

Ele morreu escutem O sino da igreja aberta
Tocava docemente a morte do sacristão
Lise precisa atiçar se apaga o fogão
Mulheres faziam o sinal-da-cruz na noite incerta

Setembro 1901 — maio 1902

Signo

Sou submisso ao Chefe do Signo do Outono
Portanto amo as frutas detesto as flores
Lamento cada beijo que abandono
Tal uma nogueira varejada diz ao vento suas dores

Meu Outono eterno ó minha estação mental
As mãos das antigas amantes cobrem teu solo
Uma esposa me segue é minha sombra fatal
As pombas esta noite alçam seu último vôo

Uma noite

Uma águia desceu deste céu branco de arcanjos
E vós apoiai-me
Deixareis tremer muito tempo estas lâmpadas
Rezem rezem por mim

A cidade é metálica e é a única estrela
Afogada nos teus olhos azuis
Quando os bondes rodavam surgiam fogos pálidos
Sobre pássaros sarnentos

E tudo o que tremia nos teus olhos de meus sonhos
Que um só homem bebia
Sob os fogos de gás ruivo como o falso cogumelo
Ó vestida teu braço se escondia

Veja o mau ator tira a língua às atentas
Um fantasma se suicidou
O apóstolo está enforcado na figueira e lentamente baba
Vamos jogar este amor nos dados

Sinos de sons claros anunciavam teu nascimento
Veja
Os caminhos são floridos e as palavras avançam
Para ti

A dama

Toc-toc ele fechou a sua porta
A açucena do jardim está morta
Quem será este morto que se leva

Você acaba de bater à sua porta
E corre, corre
Corre o ratinho

Noivado

A Picasso

A primavera deixa vaguear os noivos de juramento quebrado
E deixa folhear longamente as penas azuis
Que sacode o cipreste onde se aninha o pássaro azulado

Uma Madona na alvorada pegou as rosas silvestres
Ela virá amanhã colher os cravos
Para pôr nos ninhos das pombas como mestres
Ao pombo que esta noite parece o Paracleto

No pequeno bosque de limoeiros se apaixonaram
Do amor que amamos as últimas chegadas
As aldeias longínquas são como as suas pálpebras
E entre os limões seus corações deixaram pegadas

Meus amigos finalmente confessaram o seu desprezo
Eu bebia copos cheios de estrelas
Um anjo exterminou enquanto eu dormia
Os cordeiros os pastores dos tristes estábulos
Falsos centuriões levavam o vinagre
E indigentes mal feridos pelo purgante dançavam
Estrelas do acordar não conheço nenhuma
Os postes de gás mijavam sua chama ao luar
Agentes funerários com seus chopes dobravam os sinos
Na luz das velas caiam bem ou mal
Colarinhos sobre ondas de saias mal escovadas
Festejavam sua libertação gestantes mascaradas
A cidade esta noite parecia um arquipélago
Mulheres pediam o amor e o culto aos santos
E escuro, escuro rio eu me recordo
As sombras que passavam nunca eram bonitas

Não tenho mais nem mesmo piedade de mim
Nem posso expressar meu tormento de silêncio
Todas as palavras que eu ia dizer tornaram-se estrelas
Um Ícaro tenta elevar-se até cada um de meus olhos
E carregador de sóis eu queimo no centro de duas nebulosas
Que terei feito aos bichos teologais da inteligência
Outrora os mortos voltavam adorar-me
E eu esperava o fim do mundo
Mas o meu chega soprando como um furacão

Tive a coragem de olhar para trás
Os cadáveres de meus dias
Marcam a minha estrada e os choro
Alguns apodrecem em igrejas italianas
Ou então em pequenos bosques de limoeiros
Que florescem e frutificam
Ao mesmo tempo e em toda estação
Outros dias choraram antes de morrer nas tavernas
Onde ardentes flores rodavam
Aos olhos de uma mulata que inventava a poesia
E as rosas da eletricidade ainda se abrem
No jardim da minha memória

Perdoem-me a minha ignorância
Perdoem-me por não conhecer mais o antigo jogo dos versos
Não sei mais nada e amo unicamente
As flores aos meus olhos voltam a ser chamas
Medito divinamente
E sorrio dos seres que eu não criei
Mas se o tempo viesse em que a sombra enfim sólida
Se multiplicasse realizando a diversidade formal do meu amor
Eu admiraria a minha obra

Observo o descanso do domingo
E louvo a preguiça
Como como reduzir
A infinitamente pequena ciência
Que me impõem os meus sentidos
Um é igual às montanhas do céu
As cidades ao meu amor

Ele se parece com as estações
Ele vive decapitado a sua cabeça é o sol
E a lua seu pescoço cortado
Eu queria sentir um ardor infinito
Monstro de meu ouvido você ruge você chora
O trovão te serve de cabeleira
E tuas garras repetem o canto dos pássaros
O toque monstruoso me penetrou me envenena
Meus olhos nadam longe de mim
E os astros intactos são meus mestres sem prova
A besta das fumaças tem a cabeça florida
E o monstro o mais belo
Tendo o sabor do louro se lamenta

Por fim as mentiras não me metem mais medo
É a lua que cozinha como um ovo na frigideira
Este colar de gotas de água vai enfeitar a afogada
Eis meu ramo de flores da Paixão
Que oferecem com ternura duas coroas de espinho
As ruas estão molhadas da antiga chuva
Anjos diligentes trabalham por mim em casa
A lua e a tristeza desaparecerão durante
Todo o santo dia
Todo o santo dia eu andei cantando
Uma dama debruçada na sua janela me olhou longamente
Afastar-me cantando

Na esquina de uma rua eu vi marujos
Que dançavam o pescoço nu ao som do acordeão
Dei tudo ao sol
Tudo menos a minha sombra

As dragas os fardos as sereias semimortas
No horizonte nublado se perdiam os navios de três mastros
Os ventos morreram coroados de anêmonas
Ó Virgem signo puro do terceiro mês

Templários flamejantes queimo entre vós
Vamos profetizar juntos ó grande mestre eu sou
O desejável fogo que se sacrifica por vós

E os foguetes giram ó bela ó bela noite

Laços soltos por uma livre chama Ardor
Que meu sopro apagará. Ó Mortos em quarentena
Vejo da minha morte a glória e a desgraça
Como se mirasse o pássaro do espantalho

Incerteza pássaro fingido pintado quando caia
O sol e o amor dançavam na aldeia
E teus filhos galantes bem ou mal vestidos
Construíram esta fogueira o ninho de minha coragem

Luar

Lua que destila mel aos lábios dos loucos
Os jardins e os burgos esta noite são gulosos e roucos
Os astros até que imitam bem as abelhas
Deste mel luminoso que escoa das parreiras vermelhas
Pois eis que bem doce e caindo do céu
Cada raio de lua é um raio de mel
Ora escondido eu concebo a aventura muito doce
Tenho medo do dardo de fogo que esta abelha estrela trouxe
E que pousou nas minhas mãos os raios dos lamentos
E tomou seu mel lunar à rosa-dos-ventos

1909

A dama tinha um vestido
Em otomano púrpura
E sua túnica bordada de ouro
Era composta de dois painéis
Amarrados no ombro

Os olhos dançando como anjos
Ela ria ela ria
Ela tinha um rosto às cores da França
Os olhos azuis os dentes brancos e os lábios muito
[vermelhos
Ela tinha um rosto às cores da França
E um decote redondo
E penteada à Récamier[1]
Com belos braços nus

Não ouviremos nunca tocar a meia-noite

A dama de vestido otomano púrpura
E túnica bordada de ouro
Decote redondo
Passeava seus cabelos cacheados
Sua tiara de ouro
E arrastava seus pequenos sapatos com fivela

Ela era tão bela
Que você não ousaria amá-la

---

[1] *Madame Récamier* (1777-1849): mulher famosa por sua beleza e seu salão literário. Foi amiga de Chateaubriand e pintada por David. (N. do T.)

Eu amava as mulheres horríveis nos bairros enormes
Onde nasciam a cada dia alguns novos seres
O ferro era seu sangue a chama seu cérebro
Eu amava eu amava o povo hábil das máquinas
O luxo e a beleza são apenas sua espuma
Essa mulher era tão bela
Que me metia medo

Na cadeia[1]

I

Antes de entrar na minha cela
Foi preciso ficar nu
E que voz sinistra apela
Guillaume o que te aconteceu

Lázaro entrando no túmulo
Ao invés de sair como fez
Adeus, adeus cantada ciranda
Ó meus anos ó jovens talvez

II

Não, não me sinto mais lá
            Eu mesmo
Sou o quinze da
            Décima primeira

O sol filtra através
            Das vidraças
Seus raios fazem nos meus versos
            As palhaças

E dançam sobre o papel
            Escuto
Alguém que bate com o pé
            O reduto

[1] Em 1911, o secretário de Apollinaire roubou uma estatueta do Museu do Louvre e a escondeu na casa do poeta. Por causa disso, Apollinaire ficou detido por uma semana na cadeia de la Santé, em Paris. (N. do T.)

III

No fosso feito um urso
Cada manhã eu passeio
Giramos, giramos, giramos sempre
O céu é azul como uma corrente
No fosso feito um urso
Cada manhã eu passeio

Na cela do lado
Fazem correr a fonte
Com as chaves que faz tinir
O carcereiro está a vir
Na cela do lado
Fazem correr a fonte

IV

Como me entedio entre estes muros pelados
E pintados de cores pálidas
Uma mosca no papel a passos miúdos
Percorre minhas linhas desiguais

O que será de mim o Deus que conhece a minha dor
Tu que me a deste
Tenha piedade de meus olhos sem lágrimas minha pálida cor
O ruído de minha cadeira acorrentada

E todos estes pobres corações batendo na cadeia
O Amor que me acompanha
Tenha piedade sobretudo de minha fraca razão
E este desespero que a ganha

V

Que lentamente passam as horas
Como passa um enterro

Chorarás a hora em que choras
Que passará rápido demais

Como passam todas as horas

VI

Escuto os ruídos da cidade
E prisioneiro sem horizonte
Nada vejo além de um céu hostil
E os muros nus de minha prisão

O dia vai embora eis que queima
Uma lâmpada na prisão
Estamos sós na minha cela
Bela claridade Cara razão

Setembro 1911

Outono doente

Outono doente e adorado
Morrerás quando a tempestade soprar nas roseiras
Quando tiver nevado
Nos jardins

Pobre outono
Morra em brancura e em riqueza
De neve e de frutas maduras
No fundo do céu
Gaviões flutuam
Sobre as ninfas crédulas de cabelo verde e anãs
Que nunca amaram

Nas orlas longínquas
Os cervos bramaram
E quanto amo ó estação quanto amo teus rumores
As frutas caindo sem que as colhamos
O vento e a floresta que choram
Todas as suas lágrimas no outono folha a folha
          As folhas
          Que pisamos
          Um trem
          Em que rodamos
          A vida
          Que passamos

Hotéis

O quarto é viúvo,
Cada um tem vez
Presença nova
Paga-se ao mês

Duvida o patrão
Ele pagará
Giro na estrada
Feito um pião

O ruído das carruagens
Meu vizinho de feia tez
Que fuma um áspero
Tabaco inglês

Ó La Vallière[1]
Que manca e ri de tudo
E de minhas rezas
Criado-mudo

E todos juntos
Neste hotel
Sabemos a língua
Como em Babel

Fechamos as portas
Com duas voltas
Cada um traz
Seu único amor

---

[1] *La Vallière*: amante do rei Luís XIV, que mancava e se retirou num convento. (N. do T.)

Cornetas de caça

A nossa história é nobre e trágica
Como a máscara de um tirano
Nenhum drama arriscado ou mágico
Nenhum detalhe leviano
Torna o nosso amor patético

E Thomas de Quincey bebendo
O ópio veneno doce e casto
À sua pobre Ana ia sonhando
Passemos, passemos já que tudo passa
Olharei tanto para trás

As lembranças são cornetas de caça
Cujo ruído morre ao vento

Vindimário[1]

Homens do futuro não me esqueceis
Eu vivi no fim do tempo dos reis
Volta e meia morriam silenciosos e tristes
Corajosos três vezes se tornavam trismegisto

Paris era belo no fim de setembro
Cada noite um vinhedo onde as folhas
Vertiam luz sobre a cidade e no alto
Astros maduros bicados pelos pássaros bêbados
Da minha glória esperavam a vindima da aurora

Uma noite indo pelos cais desertos e sombrios
Voltando a Auteuil ouvi uma voz
Que cantava grave calando-se por vez
Para que chegasse também nas margens do Sena
O lamento de outras vozes longínquas e amenas

Eu ouvia os cantos e o grito feliz
Que acordava na noite a canção de Paris

Tenho sede cidades de França e da Europa e do mundo
Venham todas correr na minha garganta profunda

Então vi que já bêbado no vinhedo Paris
Colhia a uva a mais doce da terra
Os grãos milagrosos que cantaram na parreira

---

[1] *Vindimário*: primeiro mês do calendário republicano da Revolução Francesa. Vai de 21, 22 ou 23 de setembro até 22 ou 23 de outubro, época de colheita das uvas ou vindima. (N. do T.)

E Rennes respondeu com Quimper e Vannes
Aqui estamos ô Paris Nossas casas nossa gente
Estes cachos dos sentidos filhos do sol quente
Sacrificam-se por tua sede tão ávida maravilha
Te trazemos todos os cérebros os cemitérios as muralhas
Estes berços cheios de gritos que não ouvirás
E da fonte à foz nossos pensamentos ó rios
As orelhas das escolas e nossas mãos juntas
Dos dedos esticados nossas mãos as igrejas
E te trazemos também esta ágil razão
Que o mistério encerra como a casa o portão
Este mistério cortês da galantaria
O mistério fatal fatal de outra vida
Dupla razão que está além da beleza
E que a Grécia não conheceu nem o Oriente
Dupla razão da Bretanha onde onda com onda
O oceano castra pouco a pouco o continente

E as cidades do Norte responderam alegres

Ó Paris eis-nos bebidas vivas
As viris cidades onde gritam e cantam
Os santos metálicos de nossas santas fábricas
Nossas chaminés engravidam nuvens pretas
Como fez outrora o Ixion mecânico
E nossas mãos inumeráveis
Usinas manufaturas fábricas mãos
Onde os operários nus iguais aos dedos
Fabricam o real a tanto por hora
Nós te damos tudo isso

Lyon respondeu enquanto os anjos de Fourvières
Teciam um céu novo com a seda que a reza der

Beba Paris as divinas palavras
Que os meus lábios o Ródano e a Saone lavram
Sempre o mesmo culto de sua morte voltando
Divide aqui os santos e faz chover o sangue
Feliz chuva ô pingos quentes ó dor
Uma criança olha as janelas se abrirem

E cachos de cabeças aos pássaros bêbados irem

As cidades do Sul responderam então

Nobre Paris única razão que ainda vive
Que reges nosso humor segundo teu destino
E tu que te retiras Mediterrâneo
Dividam nossos corpos como se quebram hóstias
Esses altíssimos amores e suas danças órfãs
Serão ó Paris o vinho puro que amas

E um gemido infinito que vinha da Sicília
Traduzia em rufar de asas estas palavras

As uvas de nossos vinhedos as colhemos
E estes cachos de mortos cujos grãos deitados
Têm o sabor do sangue da terra e do sal
Ei-los para a tua sede ó Paris sob o céu
Escuro de nuvens esfomeadas
Que acaricia Ixion o criador oblíquo
E onde nascem no mar todos os corvos da África
Ó uvas E estes olhos apagados e em família
O futuro e a vida nas parreiras se aborrecem

Mas onde está o olhar luminoso das sirenas
Ele enganou os marujos que amavam estes pássaros
Ele não dará mais voltas no recife de Cila
Onde cantavam as três vozes suaves e serenas

O estreito de repente havia mudado de figura
Faces da carne da onda de tudo
O que se pode imaginar
Sois apenas máscaras sobre faces mascaradas

Ele sorria jovem nadador entre as margens
E os afogados flutuando na sua onda nova
Fugiam seguindo-o as cantoras dos lamentos
Elas disseram adeus ao abismo e ao recife
A seus pálidos maridos deitados nos terraços
E tendo alçado vôo para o sol de fogo

Seguiram-no no mar onde deitam os astros

Quando voltou a noite coberta de olhos abertos
Vagar onde a hidra assobiou este inverno
E eu ouvi de repente tua voz imperiosa
Ó Roma
Maldizer de uma vez meus antigos pensamentos
E o céu onde o amor guia os destinos

Os ramos crescidos na árvore da cruz
E até a flor-de-lis que morre no Vaticano
Maceram no vinho que te ofereço e que possui
O sabor do sangue puro daquele que conhece
Uma outra liberdade vegetal da qual
Você não sabe que é ela a suprema virtude

Uma coroa da tiara caiu sobre a laje
Os hierarcas a pisoteiam de suas sandálias
O esplendor democrático que empalidece
Venha a noite real em que se matam os animais
A loba com o cordeiro a águia com a pomba
Uma multidão de reis inimigos e cruéis
Tenho sede como você no eterno vinhedo
Sairão da terra virão pelo ar
Beber meu vinho duas vezes milenar

O Mosa e o Reno juntam-se em silêncio
É a Europa que reza noite e dia em Koblenz
E eu que me demorava no cais em Auteuil
Quando as horas caiam como as folhas
Da cepa quando é tempo ouvi a reza
Que juntava destes rios a beleza

Ó Paris o vinho do teu país é melhor do que aquele
Que cresce em nossas margens mas nas folhas do norte
Todos os grãos amadureceram para esta terrível sede
Meus cachos de homens fortes sangram na prensa
Beberás a longos goles todo o sangue da Europa
Porque és belo e que só tu és nobre
Porque é em você que Deus pode se tornar

E todos os meus vinhateiros nestas belas casas
Que refletem a noite seus fogos em nossas duas águas
Nestas belas casas nitidamente brancas e negras
Sem saber que és a realidade cantam a tua glória
Mas nas líquidas mãos juntas para a prece
Levamos para o sal as águas aventurosas
E a cidade entre nós como entre tesouras
Não reflete dormindo luz em suas duas águas
Que lançam algum assobio longínquo
Perturbando o sono das moças de Koblenz

As cidades respondiam agora às centenas
Eu não distinguia mais suas palavras longínquas
E Trier a cidade antiga
Às suas vozes juntava a dela

O universo inteiro concentrado neste vinho
Que continha os mares os animais as plantas
As cidades os destinos e os astros que cantam
Os homens ajoelhados na margem do céu
E o dócil ferro nosso companheiro
O fogo que devemos amar como se ama a si mesmo
Todos os orgulhosos mortos que são um na minha fronte
O relâmpago que luz como um pensamento nascendo
Todos os nomes seis a seis os números um a um
Quilos de papel retorcidos feito chamas
E aqueles que saberão deixar brancos nossos ossos
Os bons versos imortais que se aborrecem pacientes
Exércitos prontos para a batalha
Florestas de cruzes e minhas moradas lacustres
Junto aos olhos daquela que amo tanto
As flores que gritam fora de bocas
E tudo o que não sei dizer
Tudo o que não conhecerei jamais
Tudo isso tudo isso transformado neste vinho puro
De que Paris tinha sede
Me foi então apresentado

Ações belos dias sonos terríveis
Vegetação Acasalamentos músicas eternas

Movimentos Adorações dor divina
Mundos parecidos a que vos pareceis conosco
Eu vos bebi e não matei a sede

Mas conheci então o sabor do universo

Estou bêbado de ter bebido todo o universo
No cais donde eu via correr a água e dormir as barcas

Escutem-me eu sou a garganta de Paris
E beberei ainda se me apraz o universo
Escutem meus cantos de universal bebedeira

E a noite de setembro terminava lentamente
As luzes rubras das pontes apagavam-se no Sena
As estrelas morriam o dia acena.

Outros Poemas

Vitam impendere amori
(Vida consagrada ao amor)

Ó minha juventude abandonada

Ó minha juventude abandonada
Como grinalda desbotada
Eis que chega a temporada
E dos desprezos e da suspeita

A paisagem é feita de telas
Corre um falso rio de sangue
E sob a árvore de estrelas
Um palhaço é o único passante

Um raio frio mostra o pó e brinca
Nos cenários e no teu rosto
Um tiro um grito só
Na sombra sorriu um retrato

O vidro do quadro está quebrado
Um ar que não se pode definir
Hesita entre som e pensado
Entre lembrança e porvir

Ó minha juventude abandonada
Como grinalda desbotada
Eis que chega a temporada
Das saudades e da razão

Calligrammes

Chove

chove vozes de mulheres como se fossem mortas até na lembrança
são vocês também que chovem maravilhosos encontros de minha vida ô gotinhas
e estas nuvens empinadas decidem relinchar todo um universo de cidades auriculares
escuta se chove enquanto a saudade e o desprezo choram uma antiga música
escuta cair os laços que retêm em cima e embaixo

O pequeno carro

Em 31 de agosto 1914
Parti de Deauville pouco antes da meia-noite
No pequeno carro de Rouveyre

Com o seu motorista éramos três

Dissemos adeus a toda uma época
Gigantes furiosos se levantavam sobre a Europa
As águias deixavam seu ninho esperando pelo sol
Os peixes vorazes subiam dos abismos
Os povos acorriam conhecer-se a fundo
Os mortos tremiam de medo em suas moradas sombrias

Os cães latiam na direção das fronteiras
Eu ia levando comigo todos esses exércitos que lutavam
Sentia-os subindo em mim e espalharem-se as regiões onde
[rastejavam
Com as florestas as aldeias felizes da Bélgica
Francorchamps com a Água Vermelha e as fontes
Região das eternas invasões
Artérias ferroviárias onde aqueles que iam morrer
Saudavam mais uma vez a vida colorida
Oceanos profundos em que mexiam os monstros
Nos velhos cascos naufragados
Alturas inimagináveis onde o homem luta
Mais alto do que a águia
O homem ali combate o homem
E cai de repente como estrela cadente

Sentia em mim seres novos cheios de destreza
Construir e agenciar um universo novo
Um mercador de riqueza espantosa e estatura prodigiosa
Dispunha de uma vitrine extraordinária

E pastores gigantescos levavam
Grandes rebanhos mudos que roíam as palavras
E contra os quais latiam todos os cães da estrada

Nunca esquecerei esta viagem noturna em que nenhum de nós disse uma palavra

O
par
tida
sombria
onde morriam
nossos 3 fáróis

O
noite
doce
de antes
da guerra

O
al
deias

onde

s e a
m p
a r
v a s s p

FERRADORES CONVOCADOS

entre meia-noite e uma da manhã

p
ara
Lisieux
a muito
azul

ou então

v
ers
alhes
de our
o

e 3 vezes passamos para trocar um pneu que havia estourado

E quando após ter passado a tarde
Por Fontainebleau
Chegamos a Paris
No momento em que se colavam os cartazes da mobilização
Entendemos meu camarada e eu
Que o pequeno carro nos havia conduzido numa época
Nova
E mesmo sendo ambos homens maduros
Havíamos acabado de nascer

Mutação[1]

Uma mulher chorava
    Eh! Oh! Ah!
Soldados passavam
    Eh! Oh! Ah!
O guarda do dique pescava
Eh! Oh! Ah!
As trincheiras embranqueciam
    Eh! Oh! Ah!
Bombas explodiam
    Eh! Oh! Ah!
Fósforos que não acendiam
    E tudo
        Mudou
            Em mim
    Tudo
        Salvo meu Amor
            Eh! Oh! Ah!

---

[1] Este poema faz parte de *Case d'Armons* (*Forte de Armons*), livro integrante de *Calligrammes Poemas da Paz e da Guerra* (1913-1916). A primeira edição de *Case d'Armons* foi poligrafada em 25 exemplares na 45ª bateria de tiro, 38º regimento de artilharia, diante do inimigo, dia 17 de junho de 1915. (N. do T.)

A fivela reencontrada

Ele achou em sua memória
A fivela de cabelos castanhos
Lembras da incrível história
De nossos dois destinos estranhos

Alameda da Capela
Auteuil e do lindo Montmartre[1]
Eu me recordo murmurou ela
Do dia em que cruzei tua porta

Ali caiu como um outono
A fivela do meu lembrar
E nosso destino que te espanta
Se junta ao dia que vai findar

[1] Auteuil e Montmartre são bairros de Paris. (N. do T.)

Exercício

Para uma aldeia da retaguarda
Iam quatro bombardeiros
De pó coberta a farda
Da cabeça aos pés

Olhavam a grande planície
Conversando do passado
E mal havia quem visse
De uma bomba o traçado

Os quatro da classe dezesseis
Falavam do passado não do amanhecer
Assim se prolongava a ascese
Que os treinava a morrer

Cartão-postal

Te escrevo debaixo da tenda
Neste dia de verão declinante
Onde floração deslumbrante
No céu apenas azulado
Um canhoneio explodido
Fenece antes de ter sido

A linda ruiva

Eis-me diante de todos um homem bem sensato
Conhecendo a vida e o que da morte um vivo pode conhecer
Tendo sofrido as dores e alegrias do amor
Às vezes eu soube impor minhas idéias
Conheço várias línguas
Viajei bastante
Vi a guerra na artilharia e na infantaria
Ferido na cabeça trepanado sob clorofórmio
Tendo perdido os melhores amigos na luta pavorosa
Sei do antigo e do novo tanto quanto um homem só poderia
E sem hoje me inquietar com esta guerra
Cá entre nós e para nós meus amigos
Eu julgo esse longo debate da tradição e da invenção
Da Ordem e da Aventura

Vós cuja boca é feita à imagem de Deus
Boca que é a própria ordem
Sede indulgentes quando nos compararem
Aos que foram a perfeição da ordem
Nós que em toda parte buscamos a aventura

Não somos vossos inimigos
Queremos dar-vos vastos e estranhos territórios
Onde o mistério em flor se oferece à colheita
Lá estão novos fogos e cores nunca vistas
Mil fantasias imponderáveis
Às quais deve se dar realidade
Queremos explorar a bondade região enorme onde tudo se cala

Há também o tempo que se pode expulsar ou trazer de volta
Piedade por nós que lutamos sempre nas fronteiras
Do ilimitado e do porvir
Piedade por nossos erros por nossos pecados piedade

Eis o verão a estação violenta
E a minha juventude morreu como a primavera
Ó Sol é o tempo da Razão ardente
E espero
Para segui-la sempre a forma nobre e doce
Que ela toma para que eu a ame somente
Ela vem e me atrai como ao ferro o ímã
Ela tem o jeito encantador
De uma adorável ruiva

Seus cabelos são de ouro parece
Um belo relâmpago que durasse
Ou estas chamas que se exibem
Nas rosas que fenecem

Mas riam, riam de mim
Homens de toda parte mormente daqui
Pois há tanta coisa que não ouso dizer
Tanta coisa que não me deixaríeis dizer
Tende piedade de mim

Jacqueline Kolb, a "jolie rousse",
com quem Apollinaire se casou.

Il y a (Há)

No jardim de Anna

Por certo se tivéssemos vivido no ano mil setecentos e sessenta

Não é a data que leis Anna neste banco de pedra

E que por infelicidade eu fosse alemão
Mas que por felicidade eu estivesse convosco
Falaríamos de amor de modo impreciso
Quase sempre em francês
E pendurada perdidamente ao meu braço
Me ouviríeis falar de Pitágoras
Pensando também no café que tomaríamos
Daqui meia hora

E o outono seria igual a este outono
Que a erva-espim e as parreiras coroam

E bruscamente eu teria às vezes saudado até o chão
Nobres damas gordas e langorosas

Teria degustado devagar e sozinho
Durante longas noites
O vinho de Tokai espesso ou a malvosia
Teria colocado meu vestido espanhol
Para ir pela estrada onde
Chega na sua velha carruagem
A minha avó que se recusa a entender o alemão

Eu escreveria versos cheios de mitologia
Sobre os vossos seios a vida do campo e sobre as damas
Das redondezas

Teria muitas vezes quebrado a minha bengala
Nas costas de um camponês

Teria gostado de ouvir música comendo
Presunto
Teria jurado em alemão vos juro
Quando me tiverdes surpreendido beijando à plena boca
Esta criada ruiva

Vos me teríeis perdoado no bosque das framboesas

Eu cantaria um momento
Depois ouviríamos longamente os ruídos do crepúsculo

Lembrança do aduaneiro[1]

Um pássaro pequenino
No ombro de um anjinho
Eles cantam o louvor
Do bom Rousseau com amor

Movimentos do mundo
As lembranças vão redondas
Como barco nas ondas
E as saudades no fundo

Gentil Rousseau
Tu és este anjo de amor
E este pássaro
Do teu louvor

Eles se davam a mão e entristeciam juntos
Nos seus túmulos são as mesmas flores que tremem
Você tem razão ela é bela
Mas não tenho o direito de amá-la
É preciso que eu fique aqui
Onde se fazem tão lindas coroas mortuárias de pérolas
Preciso te mostrar isto

A bela americana
Que deixa os homens loucos
Daqui uma semana
Viaja ao Orenoco

---

[1] O pintor Henri Rousseau (1844-1910) foi funcionário da alfândega de Paris (Octroi) e é conhecido como *le Douanier Rousseau*, o Aduaneiro Rousseau. (N. do T.)

Volto vira
Farol louco
Meu belo barco
Foi-se embora

Chagas nas pernas
Você me mostrou estas feridas sangrentas
Quando tomávamos um aperitivo
No bar das Ilhas Marquesas rua da Gaité
Uma doce manhã de feira

Os marujos a esperam
E fixam o horizonte
Meio corpo fora da onda
Peixes pasmam de monte

Volto vira
Farol louco
Meu belo barco
Foi-se embora

Os cacos de tua voz que o amor quebrou
Negros melodiosos E eu te embriaguei

A bela americana
Que deixa os homens loucos
Daqui uma semana
Viaja ao Orenoco

Atravessas Paris a pé muito lentamente
A brisa ao véu violeta Estais aqui mamãe

Volto vira
Farol louco
Meu belo barco
Foi-se embora

Dizem que ela era bela
Pertinho de Memphis

Mas que a deixa mais bela
A moda de Paris

Volto vira
Farol louco
Meu belo barco
Foi-se embora

Ele gravou num banco perto da Porta Dauphine
Os dois nomes adorados Clemence e Josephine
E duas roseiras trepavam ao longo de sua alma
Um maravilhoso trio
Ele sorri rua dos Guardas à égua mijona
Ele dirige uma orquestra de crianças
Senhorita Madeleine
Ah! Senhorita Madeleine

Ah!

Há outras moças
Aqui ao lado
Gentis e doces
Que não têm namorado

Volto vira
Farol louco
Meu belo barco
Foi-se embora

Poemas a Lou

(também publicados sob o título "Sombra do meu amor")

A Lou homenagem respeitosamente apaixonada

Morrer e saber enfim a irresistível Eternidade
Oliveiras vos bateis como fazem às vezes as suas pálpebras
Por este livro duro e preciso na alegria
aprenda ó Lou a conhecer-me a fim de não mais esquecer-me
Vossa cabeleira igual ao sangue derramado
Vos saúdo Lou como faz vossa árvore preferida a palmeira
inclinada do grande jardim marinho erguido como um seio
mas trepado no abismo eu domino o mar feito um mestre
e deixo aqui mesmo apesar de vós vosso pensamento o mais
[secreto

Guillaume Apollinaire

A LOU

HOMMAGE
respectueusement passionné

O si
vi ers
vous bat
tiez ain
si que
font par
fois ses
pau pie
res

tir
mou sa
et en
voir l'ir
fin
res ist
ible E
ter ni
te

Par ce livre dur et pre cis dans la joie

Votre cheve lure pareille
au sang répandu

JE vous
SALU
E LOU
COMM
E FAIT
VOTRE
ARBRE
PRÉFÉ
RE LEP
ALMIER
PENCHÉ
DU GRA
ND JARD
IN MAR
IN SOULE
VÉ COM
ME UN SEIN

apprenez ô Lou à me con naî
tre afin de ne
plus m'oublier

mais per
ché sur
bî
l'a je
me mi
do la
ne
mer com
me un
maître

C
V
I
se
A
N
N
E
A
P
O
l
li

et je pla ici mê
e mal gré vous
votre pen
sée la + secrete

Guillaume
Apollinaire

Ao lago de teus olhos muito profundo

Ao lago de teus olhos muito profundo
Meu pobre coração se afoga e derrete
        Lá o acometem
Na água de amor e de folia
        Lembrança e Melancolia

Louise de Coligny-Châtillon,
que inspirou muitos poemas a Apollinaire.

Se eu morrer lá...

Se eu morrer lá na frente do exército
Chorarás um dia ó Lou minha bem-amada
E a minha lembrança morreria apagada
No estouro da granada na frente do exército
Uma granada como mimosas em flor

E a minha lembrança explodida no espaço
Cobriria de sangue o mundo por inteiro
O mar os montes os vales a estrela que passa
Os sóis maravilhosos amadurecendo no espaço
Como as frutas de ouro em volta de Baratier[1]

Lembrança esquecida viva em todas as coisas
Acenderei a ponta dos teus seios rosas
Tingirei tua boca e teus cabelos rubros
Não envelhecerão todas essas belas coisas
Ficarão sempre jovens para o destino de amor

O brotar fatal do meu sangue no mundo
Daria ao sol a mais viva luz
Mais cor para as flores à onda mais rapidez
Um amor estupendo desceria sobre o mundo
O amante seria mais forte no teu corpo em cruz

Lou se eu morrer lá lembrança esquecida
Lembra-te às vezes nos momentos de loucura
De juventude e amor e escandaloso ardor
Meu sangue é a fonte ardente do amor
E seja a mais feliz sendo a mais bonita

---

[1] *Baratier* (1864-1917): general francês da Primeira Guerra Mundial, morto em combate. (N. do T.)

Ó meu único amor, minha grande loucura

30 janeiro 1915
Nîmes

Lá desce a noite
Onde se pressente
Um longo destino de sangue

O canarinho

Os soldados vão lentamente
Na noite turva da cidade
Ouve bater meu coração amante
Este coração vale mais de mil
Porque te amo perdidamente

Te amo perdidamente querida
Perdi o sentido da vida
Não conheço mais a luz
Já que o amor é meu desejo
Meu sol e toda minha vida

Ouça bater o meu coração
Um regimento de artilharia
Em marcha meu coração de artilheiro
Por você se põe em bateria
Escuta-o irmãzinha

Irmãzinha te pego toda
Você me pertence eu te pertenço
Juntos fazemos o caminho
E dê-me deste carinho
Que consola quem o ouve

Um bonde desce apressado
Furando a noite a noite de vidro
Onde vai meu coração em armas
Teus belos olhos lançam as chamas
Ouve bater meu coração amante

Esta manhã veio um canarinho
Voar perto do meu cavalo
Era talvez um anjinho

Exilado no belo vale
Onde o vi tão estranho

Seus olhos eram teus belos olhos
Suas penas o teu cabelo
O seu canto o misterioso apelo
Que contamos baixo aos meus ouvidos
Quando estamos bem sós nós dois

No vale eu estava branco
De ter cavalgado de flanco
O vento gritava um longo poema
Ao sol em todo o seu brilho
Ao belo pássaro eu disse Eu te amo!

2 fev. 1915

Porque você me falou de vício...

Você falou de vício na tua carta ontem
O vício não entra nos amores sublimes
Ele não é mais que um grão de areia no mar
Um só grão descendo no abismo verde-mar

Podemos fazer agir a imaginação
Dançarem nossos sentidos nos destroços do mundo
Usar nossos nervos até a exasperação
Ou lambuzar nossos dois corpos num lodo imundo

E ligados um ao outro num abraço único
Podemos desafiar a morte e seu destino
Quando nossos dentes batem em pânico
Podemos chamar de noite ao matutino

Você pode divinizar minha vontade selvagem
Posso me prosternar como frente a um altar
Diante de tuas ancas que minha raiva vai ensangüentar
Nossos amores continuarão puros como um belo céu

Que importa que exaustos mudos bocas abertas
Feito dois canhões caídos de sua carreta
Quebrados de se amar demais nossos corpos fiquem inertes
Nosso amor será sempre o que tem sido

Vamos enobrecer meu coração a imaginação
Que tanto falta à pobre humanidade e aos pares
O vício nisto tudo é só ilusão
Que só pode enganar as almas vulgares

3 fev. 1915

Adeus

Lou o amor é livre nunca depende da sorte
O meu Lou é mais forte ainda que a morte
Um coração o meu te segue em tua viagem ao norte

Lá mande cartas também querida minha
Onde gostamos de recebê-las em nossa artilharia
Uma ao menos por dia te rogo uma ao dia

Lentamente a noite negra caiu agora
Onde vamos voltar após ter ganho lá fora
Um dois três A ti minha vida meu sangue minha hora

Lá a noite meu coração a noite loira e doce
Ó Lou o céu é puro hoje como onda doce
Um coração o meu te segue até que o mundo findou-se

Lou a hora chegou Adeus a hora da tua partida
Oh vamos voltar São quinze para as nove na vida
Um dois três Adeus de Nîmes na despedida

4 fev. 1915

O amor, o desprezo e a esperança

Eu te peguei junto ao meu peito como uma pomba que uma menina
[asfixia sem saber
Eu te peguei com toda a tua beleza tua beleza mais rica que todos
[os garimpos da Califórnia o foram no tempo da febre do ouro
Enchi minha avidez sensual de teu sorriso de teus olhares de teus
[gemidos
Possuí tive ao meu dispor o teu orgulho mesmo quando te mantinha
[agachada e sofrias meu poder e minha dominação
Pensei ter tudo isto e era só um prestígio
E fico igual a Ixion[1] depois que ele fez amor com o fantasma de
[nuvens feito à semelhança daquela que chamam Hera ou Juno a
invisível
E quem pode agarrar as nuvens quem pode pôr a mão sobre uma
[miragem e que se engana aquele que crê encher os braços do azul
celeste
Acreditei possuir toda a tua beleza e tive só o teu corpo
O corpo infelizmente não tem a eternidade
O corpo tem a função de gozar mas não tem o amor
E é em vão agora que tento abraçar teu espírito
Ele foge ele me foge de todo lugar como um nó de serpentes que se
[desfaz
E teus belos braços no longínquo horizonte são cobras cor de
[aurora que se enrolam em sinal de adeus
Fico confuso fico confundido
Me sinto cansado deste amor que você despreza
Sinto vergonha deste amor que desprezas tanto

---

[1] *Ixion*: rei que Zeus acolheu no Olimpo e que foi amarrado a uma roda em chamas girando eternamente por ter desrespeitado a deusa Hera. (N. do T.)

O corpo não vai sem a alma
E como poderei esperar reencontrar teu corpo de antes já que tua
[alma está tão longe de mim

E que o corpo se juntou à alma
Como fazem todos os corpos vivos
Ó tu que eu só possuí morta

* * *

E no entanto enquanto eu às vezes olho ao longe se chega o oficial
[dos correios
E que espero como uma delícia tua carta cotidiana meu coração
[pula como um cabrito quando vejo chegar o mensageiro
E imagino então coisas impossíveis já que teu coração não está
[comigo
E imagino então que vamos embarcar nós dois sozinhos talvez três
[e que nunca ninguém no mundo saberia nada de nossa querida
viagem ao nada mas para outra parte e para sempre
Neste mar mais azul ainda mais azul que todo o azul do mundo
Neste mar onde nunca se gritaria Terra à vista
Para tua atenta beleza meus cantos mais puros que todas as palavras
[subiriam mais livres ainda do que as ondas
Será tarde demais meu coração para esta misteriosa viagem
O barco nos espera é a nossa imaginação
E a realidade nos alcançará um dia
Se as almas se alcançarem
Para a bela demais romaria

Vamos meu coração de homem a lâmpada vai apagar-se
Derrama nela o teu sangue
Vamos minha vida alimenta esta lâmpada de amor
Vamos canhões abram a estrada

E que chegue enfim o tempo vitorioso o querido tempo do retorno

* * *

Dou à minha esperança meus olhos estas pedrarias
Dou à minha esperança minhas mãos palmas da vitória

Dou à minha esperança meus pés carros de triunfo
Dou à minha esperança minha boca este beijo
Dou à minha esperança minhas narinas que perfumam as flores de
[meados de maio
Dou à minha esperança meu coração de promessa
Dou à minha esperança todo o futuro que treme como pequena luz
[ao longe na floresta

E tu meu coração por que bates

Feito uma sentinela melancólica
Vigio a noite e a morte

Ao proletário

Ó cativo inocente que não sabes cantar
Escuta trabalhando enquanto deves calar
Com os golpes de ferramentas o ruído elementar
Marca na natureza o bom e austero trabalho
O vento justo e puro ou a brisa de maio
Da feia usina sopram a fumaça
A terra por amor alimenta tua carcaça
E a árvore da ciência que nutre a revolta
O mar e seu réquiem teus afogados envolta
E o verdadeiro fogo estrela maravilhosa
Brilha por ti a noite como esperança formosa
Encantando até o dia o local azulado
Onde pelo pão cotidiano sofre o coitado
Com somente um som grave ômega brado

Não custa mais caro a luz das estrelas
Do que teu sangue e tua vida proletária e tuas medulas
Dás à luz sempre dos teus vigorosos rins
Filhos que são deuses calmos e infelizes
Das dores de amanhã estão grávidas tuas filhas tantas
E feias do trabalho tuas mulheres são santas
Envergonhadas de suas mãos vãs de carne nua
Tuas virgens queriam um doce luxo ingênuo
Que viesse de mãos enluvadas mais brancas que as delas
E vão embora alegres uma noite na hora das mazelas
Ora você sabe que és tu que fizestes a beldade
Que alimenta os humanos da injusta cidade
E pensas às vezes em alcovas divinas
Quando és triste e cansado de dia no fundo das minas

O suicida

Três grandes lírios Três grandes lírios no meu túmulo sem cruz
Três grandes lírios cobertos de ouro que ao vento reluz
Regados somente quando um céu negro chuva conduz
Majestosos e belos como cetros de reis

Um sai de minha ferida e quando o toca um raio
Ele levanta sangrento é o lírio do pavor e do desmaio
Três grandes lírios Três grandes lírios no meu túmulo sem cruz
Três grandes lírios cobertos de ouro que ao vento reluz

O outro sai do meu coração que sofre no leito
Onde o roem os vermes O outro sai do meu peito
No meu túmulo afastado levantam-se os três
Sozinhos sozinhos e malditos como eu talvez

Três grandes lírios Três grandes lírios sobre meu túmulo sem
[cruz

Helena

De ti Helena muitas vezes meu sonho sonhou
Teus belos seios murchavam quando Paris te raptou
E sabes quantos homens teus lábios beijaram
Do pastor de cabras a Teseu ensejaram

Eras bela ainda e sempre o serás
E os deuses e reis por ti foram à guerra
Pois teu corpo branco e nu que teu pai dera
O cisne amoroso que jamais cantará

Se teu corpo sempre nu na luta treinado
Inspirava o amor Helena filha de um deus
Os homens sem flautas nem archote queimado
Cercavam de azul de manhã os olhos teus

E tinham com os anos que não dizem as mulheres
Feito sofrer teu rosto e teus lábios desbotados
Mas teus grandes olhos ainda jovens se quiseres
E a maquiagem recobria os anos passados

Mas não eras velha e deves viver ainda
Em algum canto da Grécia sempre linda
Não eras mais bela quando te desvirginou
O vencedor de bandidos Teseu que te enganou

Quando se ouve a fêmea do alcíone cantar
A morte é próxima e para o que sonhou-se
Imortal e bela Helena a nos tentar
Tapa as orelhas ó velha dos lábios doces

Quando um herói te nomeia todos os homens se levantam
Helena, ó liberdade, ó revoluções

Cidade de Carcassonne

Ela passa
Catando os corações um a um

Dêem os corações
Todos os bons corações
Os maus corações
Os pobres corações

Vocês não chegarão nunca
Até os seus lábios
Oh os corações
Os pobres corações

Ela se aborrece
E põe os corações no seu cesto

Infelizmente
Os corações lá não ficam
Não ficam muito tempo
Não ficam o suficiente
Nem mesmo uma primaverazinha

Poemas a Madeleine

Eis algumas pobres florzinhas
De cerejeira e lilás...
Se convosco maio tem mais festinhas
Conosco ele tem mais gás[1]
Mas são nossas únicas florzinhas
Ramos de cereja e lilás...

[1] Alusão aos ataques de gás da Primeira Guerra Mundial. No original Apollinaire fala dos *estouros de bombas*. (N. do T.)

É uma noite de tormenta
O trovão sempre aumenta
E a metralhadora também
Mas eu aqui estou bem
Penso em vós minha fada
De uvas negras trajada

Madeleine Pagès.

Poemas diversos

Inscrição para o túmulo do pintor Henri Rousseau Douanier

Gentil Rousseau você nos ouve
Nós te saudamos
Delaunay sua mulher Senhor Queval e eu
Deixa passar nossas bagagens em franquia na porta do céu
Te traremos pincéis cores telas
Para que teus lazeres sagrados na luz real
Os dediques a pintar como tirastes meu retrato
A face das estrelas

Sakuntala[1]

Quatro estrelas girando nos céus
Assemelham-se entre elas
Como cansados de mirar meus olhos
Parecem-se aos das gazelas

Majestoso, o arco teso, se
Nosso rei vem caçar aqui,
Que deixe viver minha gazela
E me fira de amor perto dela

[1] *Sakuntala ou Sacontela*: esposa do rei Dushmanta, na Índia. Mesmo repudiada permaneceu fiel ao marido, que voltou para ela. (N. do T.)

Viva a França!

VIVA A FRANÇA!
ELE DORME NO SEU
PEQUENO LEITO DE SOL
DADO MEU POETA R
E S S
U S
C I
T A
D O

Endureça velho coração ouça os gritos penetrantes
Dos feridos ao longe agonizantes
Homens percevejos da terra ó vermes tenazes

Guillaume Apollinaire*

O mais original, profundo e versátil dos renovadores da poesia francesa no primeiro quartel do século XX, Guillaume Apollinaire pode também ser apontado como um legítimo precursor de todos os movimentos vanguardistas surgidos nas décadas que se seguiram.

Filho de mãe polonesa e pai italiano, Wilhelm Apolinaris de Kostrowitzki nasceu em Roma em 26 de agosto de 1880. Foi levado, criança, para a Côte d'Azur e depois para Paris, onde se fixou. Traduziu obras libertinas e escreveu textos pornográficos. Em 1909 publicou o primeiro livro, *L'Enchanteur Pourrissant* (*O Sedutor que Apodrece*).

Ao mesmo tempo, tornou-se amigo de poetas como Max Jacob e de pintores como Pablo Picasso e Georges Braque, participando

* Fonte: Enciclopédia Barsa, vol 1.

Da esquerda para a direita: Pablo Picasso, Fernande Olivier, Gillaume Apollinaire e Marie Laurencin. Quadro pintado por Marie Laurencin.

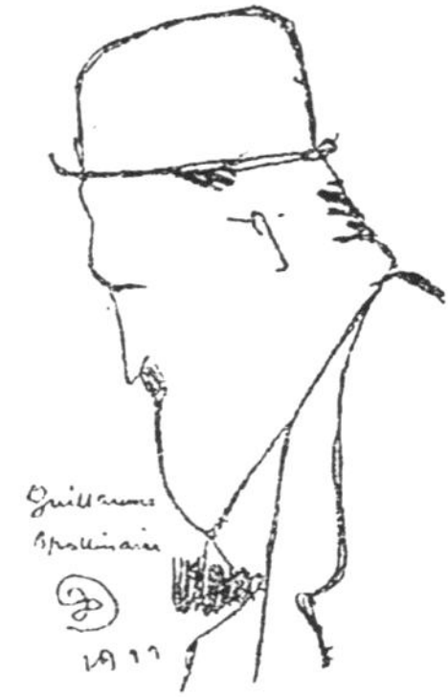

Apollinaire retratado por Jacques Dyssord.

Apollinaire retratado por Henri Frick.

Apollinaire retratado por Irène Lagret.

Apollinaire retratado por Metzinger.

Apollinaire retratado por De Chirico

Apollinaire retratado por Vlaminck.

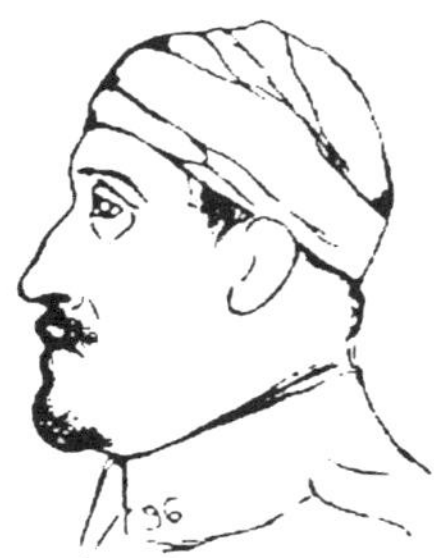

Apollinaire retratado por Pablo Picasso.

ativamente de suas discussões e formulações de vanguarda. Foi o crítico de arte mais destacado na luta pela imposição do Cubismo, cuja estética defenderia em dois textos, ambos de 1913: *Méditations Esthétiques. Les Peintres Cubistes* (*Meditações Estéticas. Os Pintores Cubistas*) e *L'Antitradition Futuriste* (*A Antitradição Futurista*).

Pouco depois de publicar seu primeiro livro de poesia, *Le Béstiaire ou Cortège d'Orphée* (1911; *O Bestiário ou Cortejo de Orfeu*), Apollinaire envolveu-se em ruidoso escândalo, sob acusação de pertencer a um grupo que teria roubado algumas estatuetas do Museu do Louvre. Foi preso, em decorrência disso, e a experiência de um período de cárcere reflete-se em versos de sua obra-prima, *Alcools* (1913). O primeiro poema desse livro, "Zone", é uma profissão de fé modernista que eleva o banal ao plano lírico e declara guerra ao passado, à gramática, à pontuação e à sintaxe.

Em 1914, Apollinaire naturalizou-se francês e engajou-se como voluntário na Primeira Guerra Mundial. Em 1916, ferido gravemente na cabeça, foi submetido a uma trepanação, mas não parou de escrever. Autor prolífico, grande parte de sua obra só viria a ser publicada após a morte. Em 1964 surgiu a edição de *Les Diables Amoureux* (*Os Diabos Enamorados*). Sua peça *Les Mamelles de Tirésias* (*As Tetas de Tirésias*) voltou à cena com sucesso em 1947, após breve temporada em 1918.

Cinco mulheres participaram de modo destacado da vida do poeta, a começar pela inglesa Annie Palyden, inspiradora da famosa "Chanson du mal-aimé", passando pela pintora Marie Laurencin — de "Zone" e "Pont Mirabeau" — e as musas do tempo da guerra: Lou (Louise de Coligny-Châtillon), Madeleine Pagès (de quem ficou oficialmente noivo) e Jacqueline Kolb, a "jolie rousse" do último poema de *Calligrammes, poèmes de la Paix et de la Guerre*, 1913-1916 (1918; *Caligramas, Poemas da Paz e da Guerra*, 1913-1916). Casou-se com esta última em 1917, tendo como padrinho Picasso.

Em *Calligrammes*, outro de seus livros fundamentais, estão traçadas as linhas-mestras do Concertismo, que surgiria décadas depois. A antevisão do Surrealismo ocorreu ao poeta num manifesto de 1918 em que ele fala de uma nova poética dentro de uma nova desordem. Guillaume Apollinaire morreu em Paris em 9 de novembro de 1918, vitimado pela gripe espanhola.

Cronologia

1880 — *26 de agosto*: nasce em Roma Guillaume-Albert-Wladimir-Alexandre-Apollinaire Kostrowitzki. É filho de Angélica Kostrowitzki, polonesa nascida na Finlândia russa e refugiada em Roma. O pai, Francesco d'Aspermont, não reconhece oficialmente a criança.

1882 — Nasce em Roma Albert, irmão de Apollinaire.

1885 — Francesco d'Aspermont, militar de carreira, se separa de Angélica de Kostrowitzki. Esta viaja para a Europa, deixando os filhos na Itália.

1887— A senhora de Kostrowitzki se muda para Mônaco com seus dois filhos.

1890 — Wilhelm de Kostrowitzki — futuro Guillaume Apollinaire — estuda no colégio Saint Charles de Mônaco. É o melhor aluno da escola, ganhando os seguintes prêmios: 1º Prêmio de Excelência, 1º Prêmio de Exercício francês, 1º Prêmio de Leitura, 1º Prêmio de História, 1º Prêmio de Geografia, 1º Prêmio de Recitação, 1º Prêmio de Língua alemã.

1897 — Wilhelm estuda no Liceu de Nice e compõe seus primeiros poemas, assinando Guillaume Macabre e depois Guillaume Apollinaire.

1898 — Apollinaire lê muito. Defende o capitão Dreifus, que foi injustamente condenado por espionagem. Diz ter simpatia pelos intelectuais anarquistas.

1899 — Abril: a senhora de Kostrowitzki se muda para Paris. Apollinaire fica muito impressionado pela capital.

5 de outubro: não podendo pagar a conta do hotel, Apollinaire e seu irmão Albert fogem da cidade de Stavelot, na Bélgica.

Novembro: a senhora de Kostrowitzki e seus filhos são interrogados pelo juiz e prometem pagar a conta do hotel.

1900 — *18 de janeiro*: o tribunal desculpa os réus pelo caso do hotel de Stavelot.

Fevereiro: Apollinaire à procura de emprego escreve um romance de folhetim assinado por outro autor, Esnard.

1901 — *Julho*: Apollinaire deixa Paris para acompanhar na Alemanha a condessa de Milhau-Hosterhôff, como professor de sua filha.

1902 — Apollinaire está apaixonado por Annie Playden, a governanta inglesa da filha da condessa. Essa paixão não correspondida fará do poeta o "mal-amado".
Fevereiro a maio: viagens pela Alemanha e Áustria.
Agosto: após um ano com os Milhau, Apollinaire volta a Paris.

1903 — Apollinaire freqüenta meios literários de Paris e publica em revistas (*La Revue Blanche*, *La Plume*, *La Revue d'Art Dramatique*).
Novembro: viagem a Londres para rever Annie Playden.

1904 — O poeta encontra os pintores Derain e Vlaminck.
Maio: segunda viagem à Inglaterra. Annie recusa casar com Apollinaire e se muda para os Estados Unidos. Apollinaire conhece Picasso, Max Jacob e Alfred Jarry.

1905 — Apollinaire cita num artigo uma exposição de Picasso na Galeria Serrurier.

1906 — Apollinaire, que trabalha contra a vontade num banco de Paris, escreve romances eróticos para ganhar um pouco mais de dinheiro.

1907 — Apollinaire é também crítico de arte, escrevendo sobre Matisse.

1908 — Douanier Rousseau, Braque e Picasso.

1909 — *Maio*: "A Canção do Mal-Amado" e alguns outros poemas que constarão do livro *Alcools* são publicados no *Mercure de France*.
Novembro: publicação do primeiro livro de Apollinaire, *L'Enchanteur Pourissant*, ilustado por Derain. Tiragem de cem exemplares pelo marchand Henry Kahnweiler.

1910 — *Março*: publicação de *Bestiário* com ilustrações de Raoul Dufy.

Maio: Gery Pieret, que serviu de secretário a Apollinaire, rouba um busto no Museu de Louvre e o esconde na casa de Apollinaire.

21 de agosto: a *Gioconda* de Leonardo da Vinci é roubada no Louvre.

7 de setembro: Apollinaire fica preso na cadeia de la Santé em Paris.

12 setembro: o poeta é inocentado após uma semana de prisão.

1912 — Apollinaire é amigo de Picabia, Robert Delaunay, Marcel Duchamp e todo o grupo cubista.

Novembro: Apollinaire suprime toda a pontuação do livro *Alcools*.

1913 — *20 de abril*: publicação de *Alcools*, primeira grande obra poética.

1914 — *27 maio*: Apollinaire grava três poemas, "A Ponte Mirabeau", "Maria" e "O Viajante", para o arquivo da palavra.

15 de junho: primeiro poema visual ou concreto, dito caligramático. Na época, esses poemas são chamados de ideogramáticos.

Agosto: Primeira Guerra Mundial, Apollinaire, ainda estrangeiro, assina um pedido de alistamento no exército francês.

27 de setembro: Apollinaire encontra Louise de Coligny-Châtillon, que será a Lou de seus poemas.

5 de dezembro: os pedidos de alistamento de Apollinaire são aceitos e ele ingressa no 38º, regimento de artilharia em Nîmes.

1915 — *Janeiro*: Apollinaire faz curso preparatório de oficiais e pede a sua naturalização francesa.

Abril: embora amante de Lou, Apollinaire se apaixona por Madeleine Pagès, que conheceu em uma viagem de trem. Ambas vão inspirar vários poemas de *Caligramas* e de obras póstumas. Apollinaire é suboficial.

17 de junho: na bateria de tiro no *front* Apollinaire publica os versos "Case d'Armons" em 25 exemplares poligrafados.

Agosto: o poeta troca cartas com Madeleine e a pede em noivado.

20 de novembro: Apollinaire passa a oficial na infantaria. Vai ao ataque nas trincheiras e depois das emoções felizes do início da guerra, descobre a constante ameaça da morte.

26 de dezembro: Apollinaire de licença vai à Argélia encontrar Madeleine.

1916 — *Janeiro*: o poeta volta da Argélia. As suas cartas posteriores a Madeleine já não serão mais tão apaixonadas.

9 de março: o decreto dando a nacionalidade francesa a Wilhelm Apollinaire de Kostrowitzli, dito Guillaume Apollinaire, é publicado no *Diário Oficial*.

14 de março: Apollinaire volta ao *front*. Lega todos os seus bens a Madeleine.

17 de março, às 16 horas: um estilhaço de bomba fura o capacete de Apollinaire e penetra na têmpora direita.

20 de março: Apollinaire é operado no hospital de Chateau-Thierry.

29 de março: transferido para o hospital militar do Val de Grace em Paris.

9 de maio: Apollinaire sofre trepanação.

17de junho: Apollinaire é citado à ordem do regimento e recebe a cruz de guerra.

Agosto: com a cabeça enfaixada e de uniforme o poeta reaparece nos cafés literários de Montparnasse. Mas sofre de distúrbios que não lhe deixam trabalhar como desejaria.

26 de outubro: publicação do *Poeta Assassinado*, escrito antes da guerra.

31 de dezembro: grande banquete em homenagem a Apollinaire em Paris.

1917 — *Março*: revistas poéticas de vanguarda (*Nord-Sud*, *391- SIC*) publicam poemas de Apollinaire.

Novembro: publicação do livro de poesia *Vitam Impendere Amori*.

1918 — *Janeiro/março*: O poeta sofre congestão pulmonar e é hospitalizado.

23 de janeiro: prefácio ao catálogo da exposição Matisse/Picasso.

15 de março: Jacqueline Kolb, pela qual Apollinaire se apaixonou, inspira o poema "A Linda Ruiva".

15 de abril: publicação de *Caligramas*, segundo grande livro poético que leva a data 1913-1916 para mostrar que é a continuação de *Alcools*.

2 de maio: casamento de Apollinaire e Jacqueline Kolb. Picasso e Vollard são as testemunhas.

28 de julho: Promovido a tenente em caráter provisório.

9 de novembro às 17 horas: atingido havia alguns dias pela epidemia de gripe Apollinaire morre em Paris, aos 38 anos de idade.

11 de novembro: termina a Primeira Guerra Mundial.

13 de novembro: o poeta é enterrado no cemitério do Père-Lachaise de Paris.

1919 — *7 de março*: morre a mãe Angélica Kostrowtzki e pouco depois o irmão Albert, que vivia no México desde 1913.

Índice

Álcoois

Outros Poemas

Relação dos Volumes Publicados

1. Dom Casmurro
Machado de Assis
2. O Príncipe
Maquiavel
3. Mensagem
Fernando Pessoa
4. O Lobo do Mar
Jack London
5. A Arte da Prudência
Baltasar Gracián
6. Iracema
José de Alencar
7. Inocência
Visconde de Taunay
8. A Mulher de 30 Anos
Honoré de Balzac
9. A Moreninha
Joaquim Manuel de Macedo
10. A Escrava Isaura
Bernardo Guimarães
11. As Viagens - "Il Milione"
Marco Polo
12. O Retrato de Dorian Gray
Oscar Wilde
13. A Volta ao Mundo em 80 Dias
Júlio Verne
14. A Carne
Júlio Ribeiro
15. Amor de Perdição
Camilo Castelo Branco
16. Sonetos
Luís de Camões
17. O Guarani
José de Alencar
18. Memórias Póstumas de Brás Cubas
Machado de Assis
19. Lira dos Vinte Anos
Álvares de Azevedo
20. Apologia de Sócrates
Platão
21. A Metamorfose/Carta a Meu Pai/Um Artista da Fome
Franz Kafka
22. Assim Falou Zaratustra
Friedrich Nietzsche
23. Triste Fim de Policarpo Quaresma
Lima Barreto
24. A Ilustre Casa de Ramires
Eça de Queirós
25. Memórias de um Sargento de Milícias
Manuel Antônio de Almeida
26. Robinson Crusoé
Daniel Defoe
27. Espumas Flutuantes
Castro Alves
28. O Ateneu
Raul Pompéia
29. O Noviço
Martins Pena
30. A Relíquia
Eça de Queirós
31. O Jogador
Dostoiévski
32. Histórias Extraordinárias
Edgar Allan Poe
33. Os Lusíadas
Luís de Camões
34. As Aventuras de Tom Sawyer
Mark Twain
35. Bola de Sebo e Outros Contos
Guy de Maupassant
36. A República
Platão
37. Elogio da Loucura
Erasmo de Rotterdam
38. Caninos Brancos
Jack London
39. Hamlet
William Shakespeare
40. A Utopia
Thomas More
41. O Processo
Franz Kafka
42. O Médico e o Monstro
Robert Louis Stevenson
43. Ecce Homo
Friedrich Nietzsche
44. O Manifesto Comunista
Marx e Engels
45. Discurso do Método / Regras para a Direção do Espírito
René Descartes
46. Do Contrato Social
Jean-Jacques Rousseau
47. A Luta pelo Direito
Rudolf von Ihering
48. Dos Delitos e das Penas
Cesare Beccaria
49. A Ética Protestante e o Espírito do Capitalismo
Max Weber
50. O Anticristo
Friedrich Nietzsche
51. Os Sofrimentos do Jovem Werther
Goethe
52. As Flores do Mal
Charles Baudelaire
53. Ética a Nicômaco
Aristóteles
54. A Arte da Guerra
Sun Tzu
55. Imitação de Cristo
Tomás de Kempis
56. Cândido ou o Otimismo
Voltaire
57. Rei Lear
William Shakespeare
58. Frankenstein
Mary Shelley
59. Quincas Borba
Machado de Assis
60. Fedro
Platão
61. Política
Aristóteles
62. A Viuvinha / Encarnação
José de Alencar
63. As Regras do Método Sociológico
Émile Durkheim
64. O Cão dos Baskervilles
Sir Arthur Conan Doyle
65. Contos Escolhidos
Machado de Assis
66. Da Morte / Metafísica do Amor / Do Sofrimento do Mundo
Arthur Schopenhauer
67. As Minas do Rei Salomão
Henry Rider Haggard
68. Manuscritos Econômico-Filosóficos
Karl Marx
69. Um Estudo em Vermelho
Sir Arthur Conan Doyle
70. Meditações
Marco Aurélio
71. A Vida das Abelhas
Maurice Materlinck
72. O Cortiço
Aluísio Azevedo
73. Senhora
José de Alencar
74. Brás, Bexiga e Barra Funda / Laranja da China
Antônio de Alcântara Machado
75. Eugênia Grandet
Honoré de Balzac
76. Contos Gauchescos
João Simões Lopes Neto
77. Esaú e Jacó
Machado de Assis
78. O Desespero Humano
Sören Kierkegaard
79. Dos Deveres
Cícero
80. Ciência e Política
Max Weber
81. Satíricon
Petrônio
82. Eu e Outras Poesias
Augusto dos Anjos
83. Farsa de Inês Pereira / Auto da Barca do Inferno / Auto da Alma
Gil Vicente
84. A Desobediência Civil e Outros Escritos
Henry David Toreau
85. Para Além do Bem e do Mal
Friedrich Nietzsche
86. A Ilha do Tesouro
R. Louis Stevenson
87. Marília de Dirceu / Cartas Chilenas
Tomás A. Gonzaga
88. As Aventuras de Pinóquio
Carlo Collodi
89. Segundo Tratado Sobre o Governo
John Locke
90. Amor de Salvação
Camilo Castelo Branco
91. Broquéis/Faróis
Cruz e Souza
92. I-Juca-Pirama / Os Timbiras / Outros Poemas
Gonçalves Dias
93. Romeu e Julieta
Willia.n Shakespeare
94. A Capital Federal
Arthur Azevedo
95. Diário de um Sedutor
Sören Kierkegaard
96. Carta de Pero Vaz Caminha a El-Rei Sobre o Achamento do Brasil
97. Casa de Pensão
Aluísio Azevedo
98. Macbeth
William Shakespeare
99. Édipo Rei/Antígona
Sófocles
100. Lucíola
José de Alencar
101. As Aventuras de Sherlock Holmes
Sir Arthur Conan Doyle
102. Bom-Crioulo
Adolfo Caminha
103. Helena
Machado de Assis
104. Poemas Satíricos
Gregório de Matos
105. Escritos Políticos / A Arte da Guerra
Maquiavel

106. Ubirajara
José de Alencar

107. Diva
José de Alencar

108. Eurico, o Presbítero
Alexandre Herculano

109. Contos
Lima Barreto

110. A Luneta Mágica
Joaquim Manuel de Macedo

111. Fundamentação da Metafísica dos Costumes
Immanuel Kant

112. O Príncipe e o Mendigo
Mark Twain

113. O Domínio de Si Mesmo Pela Auto-Sugestão Consciente
Émile Coué

114. O Mulato
Aluísio Azevedo

115. Sonetos
Florbela Espanca

116. Uma Estadia no Inferno / Poemas / Carta do Vidente
Arthur Rimbaud

117. Várias Histórias
Machado de Assis

118. Fédon
Platão

119. Poesias
Olavo Bilac

120. A Conduta para a Vida
Ralph Waldo Emerson

121. O Livro Vermelho
Mao Tsé-Tung

122. Oração aos Moços
Rui Barbosa

123. Otelo, o Mouro de Veneza
William Shakespeare

124. Ensaios
Ralph Waldo Emerson

125. De Profundis / Balada do Cárcere de Reading
Oscar Wilde

126. Crítica da Razão Prática
Immanuel Kant

127. A Arte de Amar
Ovídio Naso

128. O Tartufo ou o Impostor
Molière

129. Metamorfoses
Ovídio Naso

130. A Gaia Ciência
Friedrich Nietzsche

131. O Doente Imaginário
Molière

132. Uma Lágrima de Mulher
Aluísio Azevedo

133. O Último Adeus de Sherlock Holmes
Sir Arthur Conan Doyle

134. Canudos - Diário de Uma Expedição
Euclides da Cunha

135. A Doutrina de Buda
Siddharta Gautama

136. Tao Te Ching
Lao-Tsé

137. Da Monarquia / Vida Nova
Dante Alighieri

138. A Brasileira de Prazins
Camilo Castelo Branco

139. O Velho da Horta / Quem Tem Farelos?
Gil Vicente

140. O Seminarista
Bernardo Guimarães

141. O Alienista
Machado de Assis

142. Sonetos
Manuel du Bocage

143. O Mandarim
Eça de Queirós

144. Noite na Taverna/Macário
Álvares de Azevedo

145. Viagens na Minha Terra
Almeida Garret

146. Sermões Escolhidos
Padre Antonio Vieira

147. Os Escravos
Castro Alves

148. O Demônio Familiar
José de Alencar

149. A Mandrágora / Belfagor, o Arquidiabo
Maquiavel

150. O Homem
Aluísio Azevedo

151. Arte Poética
Aristóteles

152. A Megera Domada
William Shakespeare

153. Alceste/Electra/Hipólito
Eurípedes

154. O Sermão da Montanha
Huberto Rohden

155. O Cabeleira
Franklin Távora

156. Rubáiyát
Omar Khayyám

157. Luzia-Homem
Domingos Olímpio

158. A Cidade e as Serras
Eça de Queirós

159. A Retirada da Laguna
Visconde de Taunay

160. A Viagem ao Centro da Terra
Júlio Verne

161. Caramuru
Frei Santa Rita Durão

162. Clara dos Anjos
Lima Barreto

163. Memorial de Aires
Machado de Assis

164. Bhagavad Gita
Krishna

165. O Profeta
Khalil Gibran

166. Aforismos
Hipócrates

167. Kama Sutra
Vatsyayana

168. O Livro da Jângal
Rudyard Kipling

169. De Alma para Alma
Huberto Rohden

170. Orações
Cícero

171. Sabedoria das Parábolas
Huberto Rohden

172. Salomé
Oscar Wilde

173. Do Cidadão
Thomas Hobbes

174. Porque Sofremos
Huberto Rohden

175. Einstein: o Enigma do Universo
Huberto Rohden

176. A Mensagem Viva do Cristo
Huberto Rohden

177. Mahatma Gandhi
Huberto Rohden

178. A Cidade do Sol
Tommaso Campanella

179. Setas para o Infinito
Huberto Rohden

180. A Voz do Silêncio
Helena Blavatsky

181. Frei Luís de Sousa
Almeida Garrett

182. Fábulas
Esopo

183. Cântico de Natal/ Os Carrilhões
Charles Dickens

184. Contos
Eça de Queirós

185. O Pai Goriot
Honoré de Balzac

186. Noites Brancas e Outras Histórias
Dostoiévski

187. Minha Formação
Joaquim Nabuco

188. Pragmatismo
William James

189. Discursos Forenses
Enrico Ferri

190. Medéia
Eurípedes

191. Discursos de Acusação
Enrico Ferri

192. A Ideologia Alemã
Marx & Engels

193. Prometeu Acorrentado
Ésquilo

194. Iaiá Garcia
Machado de Assis

195. Discursos no Instituto dos Advogados Brasileiros
Rui Barbosa

196. Édipo em Colono
Sófocles

197. A Arte de Curar pelo Espírito
Joel S. Goldsmith

198. Jesus, o Filho do Homem
Khalil Gibran

199. Discurso sobre a Origem e os Fundamentos da Desigualdade entre os Homens
Jean-Jacques Rousseau

200. Fábulas
La Fontaine

201. O Sonho de uma Noite de Verão
William Shakespeare

202. Maquiavel, o Poder
José Nivaldo Junior

203. Ressurreição
Machado de Assis

204. O Caminho da Felicidade
Huberto Rohden

205. A Velhice do Padre Eterno
Guerra Junqueiro

206. O Sertanejo
José de Alencar

207. Gitañjali
Rabindranath Tagore

208. O Senso Comum e A Crise
Thomas Paine

209. Canaã
Graça Aranha

210. O Caminho Infinito
Joel S. Goldsmith

211. Pensamentos
Epicuro

212. A Letra Escarlate
Nathaniel Hawthorne

213. Autobiografia
Benjamin Franklin

214. Memórias de Sherlock Holmes
Sir Arthur Conan Doyle

215. O Dever do Advogado / Posse de Direitos Pessoais
Rui Barbosa

216. O Tronco do Ipê
José de Alencar

217. A Consolação da Filosofia
Boécio

218. Contos Amazônicos
Inglez de Souza

219. Tempestade
William Shakespeare

220. Ondas
Euclides da Cunha

221. Educação do Homem Integral
Huberto Rohden

222. Novos Rumos para a Educação
Huberto Rohden

223. Mulherzinhas
Louise May Alcott

224. A Mão e a Luva
Machado de Assis

225. A Morte de Ivan Ilicht / Senhores e Servos
Tolstói

226. Álcoois
Apollinaire

227. Pais e Filhos
Ivan Turguêniev

228. As Aventuras de Alice no País das Maravilhas
Lewis Carroll

229. À Margem da História
Euclides da Cunha

230. Viagem ao Brasil
Hans Staden

Série Ouro
(Livros com mais de 400 p.)

1. Leviatã
Thomas Hobbes

2. A Cidade Antiga
Fustel de Coulanges

3. Crítica da Razão Pura
Immanuel Kant

4. Confissões
Santo Agostinho

5. Os Sertões
Euclides da Cunha

6. Dicionário Filosófico
Voltaire

7. A Divina Comédia
Dante Alighieri

8. Ética
Baruch de Spinoza

9. Do Espírito das Leis
Montesquieu

10. O Primo Basílio
Eça de Queirós

11. O Crime do Padre Amaro
Eça de Queirós

12. Crime e Castigo
Dostoiévski

13. Fausto
Goethe

14. O Suicídio
Émile Durkheim

15. Odisséia
Homero

16. Paraíso Perdido
John Milton

17. Drácula
Bram Stocker

18. Ilíada
Homero

19. As Aventuras de Huckleberry Finn
Mark Twain

20. Paulo – O 13º Apóstolo
Ernest Renan

21. Eneida
Virgílio

22. Pensamentos
Blaise Pascal

23. A Origem das Espécies
Charles Darwin

24. Vida de Jesus
Ernest Renan

25. Moby Dick
Herman Melville

26. Os Irmãos Karamazovi
Dostoiévski

27. O Morro dos Ventos Uivantes
Emily Brontë

28. Vinte Mil Léguas Submarinas
Júlio Verne

29. Madame Bovary
Gustave Flaubert

30. O Vermelho e o Negro
Stendhal

31. Os Trabalhadores do Mar
Victor Hugo

32. A Vida dos Doze Césares
Suetônio

33. Grandes Esperanças
Charles Dickens

34. O Idiota
Dostoiévski

35. Paulo de Tarso
Huberto Rohden

36. O Peregrino
John Bunyan

37. As Profecias
Nostradamus